思想文化工作的研究与实践

庞道宁　著

经济日报 出版社

图书在版编目(CIP)数据

思想文化工作的研究与实践/庞道宁著. --北京 ：
经济日报出版社,2022.2
ISBN 978-7-5196-1246-7

Ⅰ．①思… Ⅱ．①庞… Ⅲ．①企业－政治工作－研究
－中国 Ⅳ．①D412.62

中国版本图书馆 CIP 数据核字(2022)第 248830 号

思想文化工作的研究与实践

作　　者	庞道宁
责任编辑	陈　悦
责任校对	徐建华
出版发行	经济日报出版社
地　　址	北京市西城区白纸坊东街 2 号 A 座综合楼 710(邮政编码:100054)
电　　话	010－63567684（总编室）
	010－63584556（财经编辑部）
	010－63567687（企业与企业家史编辑部）
	010－63567683（经济与管理学术编辑部）
	010－63538621 63567692（发行部）
网　　址	www.edpbook.com.cn
E-mail	edpbook@126.com
经　　销	全国新华书店
印　　刷	北京九州迅驰传媒文化有限公司
开　　本	787 * 1092 毫米 1/16
印　　张	9.75
字　　数	220 千字
版　　次	2024 年 1 月第 1 版
印　　次	2024 年 1 月第 1 次印刷
书　　号	ISBN 978-7-5196-1246-7
定　　价	48.00 元

前言

当前，我国已全面建成小康社会，实现了第一个百年奋斗目标，在此基础上开启了全面建设社会主义现代化国家新征程，向第二个百年奋斗目标进军。加强和改进新时期思想政治工作，为中国特色社会主义建设凝心聚力，中央有要求，基层有需求，需要广大思想政治工作者勇于担当、履职尽责、真抓实干。

企业文化实际上是一种对企业自身与企业内部员工进行指导的先进性理念，是企业发展战略与企业制度在践行以人为本的价值理念上的反映，从其本质属性上来说，企业文化对企业员工的行为有约束作用，可以使员工的主动性、创造性、积极性被调动起来，继而可以对经营战略与企业制度上的创新加以推动。不过企业文化作为一种外来概念和理论，这就需要将外来理论进行本土化，这个本土化过程需要对中国企业思想政治工作的作用进行充分发挥，对中国企业思想政治工作的优势加以利用，对企业文化的建设进行推动，这两者不可以相互取代，也不可以相互排斥。

现代企业已经将以往把人只当生产工具的粗放管理方式进行转变，将管理的重点更多地放在员工的主体性与精神需求发展上集中。这样的转变，与我国的思想政治工作有较好的契合点。站在更深的层次，企业的文化要跟思想政治工作有更深结合，从其内在来说是必然的。

本书把握正确的政治方向、舆论导向、价值取向，坚持立破并举，突出重点，建设具有强大凝聚力和引领力的社会主义意识形态。要加强党对宣传思想文化工作的全面领导，坚持以党的政治建设为统领，落实好意识形态工作责任制，加强干部和人才队伍建设。本书对思想政治工作在企业文化中的实现进行了深入探讨，阐述了通过思想政治工作，可以塑造企业精神，树立企业道德，可以促进良好的企业关系的产生。

作　者

2021 年 10 月

目录

第一章　思想政治工作概述

第一节　思想政治工作的目标

思想政治工作目标的确立必须符合马克思主义的科学理论，符合党和国家的奋斗目标，符合时代发展的要求，符合受教育者的思想实际。

一、根本目标是促进人的全面发展

马克思主义不仅重视社会发展，而且同样重视人的发展，把二者看作是一个相辅相成的辩证统一的过程。实现人的自由而全面的发展是马克思主义追求的根本价值目标，也是共产主义社会的根本特征。

人的自由而全面的发展只有在未来的共产主义社会才能完全实现，共产主义社会是物质财富极大丰富，人们的精神境界极大提高，每个人都得到自由而全面发展的社会，只有在共产主义社会，每一个人才能在体力、智力、品格和社会关系等方面得到自由而充分的发展，每一个人的劳动能力才可以完全不受旧式分工的局限而能够从事任何工作。人的全面发展的实现是一个历史的过程，不仅具有未来的意义，也具有现实的意义。促进人的全面发展是建设社会主义社会的本质要求。我们现在处于社会主义初级阶段，虽然这一阶段人的全面发展的内容和要求不可能达到共产主义社会具有的那种高度、深度和广度，但它也是人的全面发展的重要基础和环节，是不断提高广大人民群众的全面素质，特别是思想道德素质、科学文化素质和健康素质的重要阶段。建设中国特色社会主义的各项事业既要着眼于人民现实的物质文化生活需要，同时又要着眼于促进人民综合素质的提高，也就是要努力促进人的全面发展。

促进人的全面发展是思想政治工作的根本目标。思想政治工作是党的全部工作的重要组成部分，对党的各项工作和事业的发展具有十分重要的作用。思想政治工作必须服从服务于党的理想追求和奋斗目标。人的全面发展作为马克思主义的根本价值目标，作为共产主义社会的根本特征，必然是我们党的长远奋斗目标，思想政治工作必然要自觉地把促进人的全面发展作为自己的根本目标。既要在培养社会主义建设者和接班人的综合素质尤其是思想政治素质方面发挥自己的独特优势，又要引导人民群众在社会主义现代化建设的过程中将自己的聪明才智奉献给社会，在服务社会的过程中实现个人价值与社会价值的统一。

思想政治工作通过实现提高思想政治觉悟与提高人的综合素质的统一，促进人的全面发展，在人的各种素质中，思想政治素质和道德素质是最重要的素质，思想政治工作通过思想道德教育，不仅提高了人的思想政治素质和道德素质，而且提高了人的科学文化水平，增强了人的心理素质并培养了人的审美素质。在提高人的思想认识的同时，尊重个人合理的精神需求并加以积极引导，从而使人的精神文化生活更加充实向上，调动人的积极性，培养人的创造性，从而最大限度地实现人的价值。

思想政治工作通过转化人的思想观念，开发人的内在潜能，促进人的全面发展，培养和造就一代代社会主义建设者和接班人。所谓转化人的思想观念是指思想政治工作运用多种方式，积极帮助人们改造思想观念，纠正错误思想认识，把人的思想观念引导到正确的轨道上来。转化人的思想观念是思想政治工作的重要任务，也是思想政治工作的难点。思想政治工作应该积极帮助和引导人们正确开展思想斗争，自觉进行思想改造，使错误思想转化为正确思想，从而不断提高思想政治觉悟；引导人们树立正确的世界观、人生观和价值观。

所谓开发人的内在潜能是指思想政治工作最大限度地调动人的积极性、主动性和创造性，全面提高人的整体素质、生活质量和精神境界。人的积极性、主动性和创造性既是人工作学习的动力，又是人智力与能力全面发展的动力，是人的潜能开发的推进器，是充分发挥人的潜能的关键。我国社会主义现代化进程的推进，在很大程度上取决于国民素质的提高和人才资源的开发，最大限度地调动人的积极性、主动性和创造性。开发人的内在潜能是国民素质提高和人才资源开发的重要内容，开发人的内在潜能是思想政治工作教育作用的延伸和发展。思想政治工作以人们从事的实际工作为基础，开发人的智力，培养人的创新精神，引导人们在社会主义现代化建设过程中做出正确选择，把人的积极性、主动性和创造性向业务工作转化，向人的智能转化，为社会创造出更多的物质和精神财富。

促进人的全面发展是思想政治工作的根本目标，其核心是全面提高人的思想政治素质。思想政治素质是最重要的素质，它不仅决定人的发展方向，而且直接影响人的能力、身心素质的形成和发展。人的思想政治素质不可能脱离人的业务工作、实践活动而孤立形成，它是在人们工作实践的基础上，通过对实践活动发挥能动作用而形成和发展起来的。思想政治工作要以人的业务工作、身心实际为基础，又要以促进业务工作、身心发展为目的，培养和提升人的思想政治素质和科学文化素质，促进人的全面发展。

二、现实目标是提高人的积极性、主动性和创造性，促进经济发展和社会进步

现实目标是根本目标在特定时期和特定条件下的具体体现，是更具有现实针对性的工作要求。提高人的积极性、主动性和创造性是思想政治工作服务于党和国家工作大局的现

实目标要求。

这就提出了一个根本性的问题，就是在促进社会经济发展中如何调动和发挥人的积极性、主动性和创造性。按照历史唯物主义观点，人们进行物质生产，发展社会经济，必须做好两方面的工作：一是对生产的组织，经济事务的管理；二是人际关系的协调，人的认识能力、思想觉悟的提高，人的积极性、主动性和创造性的发挥。前者称为经济工作，后者称为思想政治工作。经济工作解决经济发展的方法和途径，思想政治工作为经济的发展提供动力。可见，经济工作和思想政治工作不能割裂开来，它们是推动经济发展的两个侧面。经济工作和思想政治工作是互相渗透的。

思想政治工作就是通过提高人的积极性、主动性和创造性，从而促进社会生产力的发展。人的积极性、主动性和创造性是相互联系、密不可分的。所谓积极性是指进取向上、努力工作的思想和表现；主动性是指不待外力推动而努力从事某项工作的思想和表现；创造性是指努力创新的思想和表现。积极性是主动性和创造性的前提，没有积极性就不会有主动性，更不会有创造性。主动性和创造性是积极性的重要表现，把提高人的积极性、主动性和创造性作为思想政治工作的现实目标，具体地说就是把充分调动和提高全国人民在中国特色社会主义道路上全面建成小康社会，构建社会主义和谐社会的积极性、主动性和创造性作为现实目标。

人的积极性、主动性和创造性属于人的精神范畴。思想政治工作的对象是人，其根本任务就是要提高人的思想道德素质，促进人的全面发展。人的思想道德素质即人的思想水平、道德行为等，直接影响人的自身发展方向。思想政治工作作为人的精神世界的价值导向系统以其特有的方式为人们提供思想保证、精神动力、道德激励和智力支持等，从而开发人的内在潜能，最大限度地调动人的积极性、主动性和创造性，把提高人的积极性、主动性和创造性作为思想政治工作的现实目标，确立了思想政治工作服务于建设中国特色社会主义的最佳结合点。人民群众是历史的创造者，在人民群众中蕴藏着无穷无尽的巨大力量，思想政治工作只有提高人的积极性、主动性和创造性，才能为中国特色社会主义建设提供强大的精神动力和智力支持，才能真正发挥"生命线"的作用。

我们无论从事哪一项工作，都必须宣传贯彻和执行党的路线、方针和政策，必须把这项任务的性质、特点、目的以及完成这一任务的方法和步骤向人们宣传，以便统一人们的思想行动，齐心协力把工作做好，这就是经济工作中的思想政治工作。同时在教育对象时要根据业务的特点和规律，教育人们按照客观规律办事，这就要求思想政治工作者研究业务工作的特点和规律，这一过程就是思想政治工作中的经济工作。经济工作和思想政治工作是相互依存、相互促进的。只有经济工作与思想政治工作相结合，生产才有动方，思想政治工作才有生命力。思想政治工作做好了，人民群众的认识水平、思想觉悟提高了，工作的积极性、主动性和创造性调动起来了，就能促进经济工作顺利发展，而经济工作做好了，思想政治工作能够更有效地发挥作用。相反，如果离开了经济工作，思想政治工作就无从下手；离开了思想政治工作，就不能统一人们的思想、协调人们的行动，更不能调动人们的积极性、主动性和创造性，这样经济工作也无从开展。

三、实质是促进人的现代化

实现现代化和中华民族的伟大复兴，既取决于经济的发展，也取决于全民族自身素质的提高。一个国家，只有当它的人民是现代人，它的国民从心理和行为上都转变为现代的人格，它的现代政治、经济和文化管理机构中的工作人员都获得了某种与现代化发展相适应的现代性，这样的国家才真正称之为现代化的国家。否则，高速稳定的经济发展和有效的管理，都不会实现。即使经济已经开始起飞，也不会持续长久。在当今社会，人们更普遍地认为，社会的发展，经济、科技和综合国力的竞争，首先是人才的竞争，而人才的竞争首先是人的素质的竞争。因此，无论哪个国家，只有当它的国民素质与其制度文明、科技教育水平、物质生活条件相互协调、同步发展时，这个国家的现代化才能真正得以实现。

在改革开放和社会主义现代化建设过程中，培养和造就人才，是思想政治工作的根本任务。思想政治工作就是要面对新形势，提出新任务，解决新问题，提高人们的思想政治觉悟、陶冶人们的情操、培养人们的道德，调动人们建设祖国、建设家园的积极性、主动性和创造性，从而为社会主义现代化建设提供更好的精神和思想保证。

当前思想政治工作与现代化建设的结合点和着力点，就是努力培养和造就社会主义现代化建设所需要的人才。要坚持党管人才原则，聚天下英才而用之，加快建设人才强国。因此，要提高劳动者的素质，最根本的是培养社会主义建设者和接班人，正确的政治路线要靠正确的组织路线来保证。中国的事情能不能办好，社会主义和改革开放能不能坚持，经济能不能快一点发展起来，国家能不能长治久安，从一定意义上说，关键在人。从一定意义上讲，社会造就人才，社会主义现代化建设的伟大实践造就现代化的人才。但是，物质文明、政治文明和精神文明建设又迫切需要具有现代意识、现代素质的人才去设计、创造和建设，因此从这个角度讲，人的现代化建设又具有超前性。人的自身发展也是一项发展的、动态的事业，人的现代化不可能一蹴而就，必须循序渐进，特别是人的精神、品格，常常需要通过在生活中耳濡目染、潜移默化地进行塑造，过高过急、揠苗助长等不切实际的想法和做法，只能适得其反。培养和造就有理想、有道德、有文化、有纪律的社会主义建设者和接班人，是社会主义精神文明建设的核心，更是思想政治工作在推进现代化的进程中的根本目标和核心问题。在经济建设逐步转到依靠科技进步和提高劳动者素质的轨道上来的时候，思想政治工作就是要增强对国民素质的塑造，增强对人的思想政治素质的培养，促进人的全面发展。

在社会主义现代化建设时期，社会发展越来越依靠人的自身素质的提高，思想政治工作更加成为提高人思想政治素质和整体素质的基础性工作。思想政治工作任务的根本转变，要求思想政治工作要实现跨越性的变革，要求将思想政治工作定位在促进人的综合素质的提高，尤其是人的思想政治素质的提高上，这也是社会主义现代化建设全面发展的基础和起点。

第二节　思想政治工作的任务

在新的时代条件下，思想政治工作的根本任务，是紧紧围绕推动科学发展、促进社会和谐，结合各行各业的工作实际和思想实际，用党的基本理论、基本路线、基本纲领、基本经验教育干部群众，用爱国主义、集体主义、社会主义和艰苦创业精神凝聚人心，为改革开放和社会主义现代化建设提供强有力的精神动力和思想保证。思想政治工作既推进社会主义全面发展，也促进人的自身发展，而促进人的自身发展是思想政治工作的直接的、根本的目的。思想政治工作在促进人的自身发展的过程中，通过调动和发挥人的积极性，从而最终促进了生产力的大发展，促进了社会的全面进步。从这种意义上讲思想政治工作的作用首先应当定位于促进人的全面发展。从整体上，从全社会的角度来说，思想政治工作的成效不仅仅从产生了多少经济效益来衡量，更应当从促进人的思想政治建设最终产生了多少社会效益来衡量。

一、学习宣传贯彻党的十九大精神

党的十九大勾画了全面建成小康社会、实现中华民族伟大复兴的宏伟蓝图。党的十九大闭幕后，如何引导全党全社会全面学习党的十九大报告，贯彻落实党的十九大精神就成为思想政治工作的一项重要而紧迫的任务。新思想源于新实践，实践是理论之源，科学理论产生于伟大实践。

习近平新时代中国特色社会主义思想是对马克思列宁主义、毛泽东思想、邓小平理论、"三个代表"重要思想、科学发展观的继承和发展，是马克思主义中国化最新成果，是党和人民实践经验和集体智慧的结晶，开辟了马克思主义中国化新境界、中国特色社会主义新境界。标志着我们党对共产党执政理念、社会主义建设理念、人类社会发展规律的认识和把握更加深刻、更加系统，达到了一个前所未有的高度。党的十九大把新时代中国特色社会主义思想写进党章、确立为党的行动指南，是时代的要求、历史的必然，充分体现了全党共同的意志、人民共同的意愿。这是我们党的指导思想的又一次与时俱进，是马克思主义基本原理同中国具体实际相结合的又一次历史性飞跃。

要通过开展多形式、分层次、全覆盖的学习培训，开展内容丰富、形式多样的宣传教育活动等，切实加强党员干部的学习。要充分利用各种宣传形式和手段，采取人民群众喜闻乐见的形式，开展集中宣讲等活动，推动习近平新时代中国特色社会主义思想进企业、进农村、进机关、进校园、进社区、进军营，使之家喻户晓、深入人心，引导广大群众做中国特色社会主义共同理想的信仰者和实践者。广大党员特别是各级领导干部要在学深、弄通、做实上下功夫，主动自觉学、结合实际学、原原本本学，准确领会把握其思想精髓、核心要义和政治意义、历史意义、理论意义、实践意义，用以武装头脑、指导实践、推动工作。通过学习，进一步坚定理想信念，牢记党的宗旨，"不忘初心，牢记使命"，永葆蓬勃朝气，永远做人民公仆、时代先锋、民族脊梁，更加自觉地为实现新时代党的历史使命不懈奋斗。

二、用科学理论武装人

坚持用科学理论武装人，扎实推进理论武装工作，就必须发扬理论联系实际的优良作风。注重研究新情况，解决新问题；不能靠纯粹的理论去框实践，而是用实践去发展理论；在学习中武装，在实践中创新，在创新中发展。

理论与实际相结合，这是马克思主义的一条基本原则。所谓理论与实际相结合，有两层基本含义：一是一定要掌握科学理论，即马克思主义的世界观和方法论；二是一定要从实际出发，实事求是地贯彻科学理论的基本精神。要做到理论联系实际，最根本的就是实事求是。所以理论联系实际，既是马克思主义发展的根本要求，也是做好各项实际工作的根本需要。实践证明，无论是做理论武装党员的工作，还是做教育群众的工作，任何离开这一原则的错误倾向，都必然会导致工作的失败。

贯彻理论和实际相结合的原则，最重要的是坚持从国情出发，教育广大党员群众创造性地运用马克思主义的基本原理指导我们的现代化建设。这就要求我们，一要面对我国经济、政治、文化、社会等方面的特殊国情。这一现实国情不允许我们教条式地照搬马克思主义书本词句和别的国家的模式，也不能脱离科学的理论和客观的实际而随心所欲地蛮干，必须立足于社会主义初级阶段这样一个现实基础来研究理论武装这个问题。二要从我国社会的主要矛盾出发来考虑思想建设的思路。现在我国社会的主要矛盾是人民日益增长的美好生活需要和不平衡不充分的发展之间的矛盾。理论建设要立足于初级阶段的现实，紧紧围绕解决这个矛盾进行。我们要通过科学理论武装，提高广大党员群众的思想政治素质，更好地发挥自己的作用，加快社会主义事业的发展。三要从我们所面临的国际环境出发考虑思想政治工作。

科学理论一经群众掌握，就会变成巨大力量。只要我们深入学习领会习近平新时代中国特色社会主义思想，全面准确贯彻到社会主义现代化建设全过程、体现到党的建设各方面，"不忘初心，牢记使命"，锐意进取、扎实工作，就一定能够在全社会凝聚起推动中国发展进步、夺取新时代中国特色社会主义伟大胜利的磅礴力量，在伟大的新时代展现新气象、新作为，在伟大的新征程中不断续写壮丽的新篇章。

第三节　思想政治工作的地位

我们党历来高度重视思想政治工作，始终把它摆在党的工作的重要位置。党的历史经验证明，思想政治工作是经济工作和其他一切工作的生命线，是团结全党和全国各族人民实现党和国家各项任务的中心环节，是我们党和社会主义国家的政治优势，是宣传思想领域的基础性工作。

一、思想政治工作是经济工作和其他一切工作的生命线

（一）思想政治工作为经济工作和其他一切工作提供方向指导

思想政治工作的首要任务就是用马克思主义及其中国化的最新成果武装全党、教育人民。如果削弱或放弃了思想政治工作，各种错误思想就会乘虚而入，党的事业就会面临极大的危害。在我国改革开放和发展社会主义市场经济的条件下，充分发挥思想政治工作的"生命线"作用，有利于进一步坚持马克思主义在意识形态领域的指导地位，防止和排除各种腐朽思想和错误思潮的干扰，保证社会主义经济建设和其他各项工作沿着正确的方向发展。

（二）思想政治工作为经济工作和其他一切工作提供精神动力

人是社会生产力中最积极、最活跃的因素，是起决定性作用的因素。思想政治工作是关于人的工作，是在充分尊重人的主观能动性的基础上统一思想、凝聚人心，释疑解惑，引导人们不断进取，实现奋斗目标的工作，其最终的着力点是人的思想。人的思想也是在不断地调整变化的，思想政治工作就是紧跟时代前进的步伐，立足于新的社会形势和思想实际，以新的思路和方法连续不断地引导和调控人的思想和精神状态，改造人的认识能力，提高人的思想政治觉悟，调动人的积极性、主动性和创造性，使人产生一种持续的、长久的、强烈的精神力量，把全部的热情和自信心投入到社会主义现代化建设中去，从而为经济工作和其他一切工作提供精神动力，促进社会生产力的发展。

（三）思想政治工作为经济工作和其他一切工作提供人才支撑

社会主义的发展和完善归根结底取决于社会主义建设者和接班人的培养，培养和造就千百万社会主义现代化事业的建设者和接班人，是关系到社会主义事业兴衰成败的重大问题。历史的经验和现实的生活都告诉我们，思想文化阵地社会主义不去占领，敌人必定会去占领。思想政治工作可以通过引导政治方向，开发内在潜能，促进成长成才，提升人的

思想政治素质，从而培养和造就一大批有理想、有道德、有文化、有纪律的社会主义建设者和接班人，造就坚定的马克思主义者，为经济工作和其他一切工作提供人才支撑。

二、思想政治工作是我们党和社会主义国家的政治优势

善于做好思想政治工作，是无产阶级政党区别于其他政党的一个重要政治优势，是我们党和社会主义国家的政治优势，是我们党凝聚力量、迎接挑战的思想武器，是我们党发展壮大、执政兴国的重要保证，是我们党克服困难、夺取胜利的重要法宝。

（一）思想政治工作是我们党凝聚力量、迎接挑战的思想武器

在社会主义建设和改革开放的新时期，加强党的思想政治工作是建设中国特色社会主义的要求，是改革开放和现代化建设的要求，目的是增强党和国家的凝聚力，增强干部队伍和群众队伍的凝聚力，更好地发展社会生产力，集中力量把国民经济搞上去。实践证明，任何时候，只要我们正确地运用这一思想武器，发挥这一政治优势，就能统一思想、凝聚力量、振奋精神、迎接挑战，充分调动广大人民群众的积极性、主动性和创造性，动员和团结全党和全国各族人民为实现党和国家确定的经济建设和社会发展的宏伟目标而共同努力奋斗。

（二）思想政治工作是我们党发展壮大、执政兴国的重要保证

实践证明，善于做好思想政治工作，是我们党发展壮大、执政兴国的重要保证，也是我们党的优良传统和宝贵财富。我们党历来重视思想政治工作，从党创立开始，就紧紧依靠思想政治工作，把自己的政治主张贯彻到人民群众中去，不断唤醒人民，组织人民，武装人民。我们党正是依靠强有力的思想政治工作，才由"星星之火"发展为"燎原之势"，取得了社会主义革命和建设的伟大胜利。在改革开放和社会主义现代化建设的新时期，出现了许多新情况新问题，对思想政治工作提出了新要求，只有做好思想政治工作，才能保证把党的基本理论、基本路线、基本纲领、基本经验和方针政策贯彻到经济建设和其他各项工作中去，防止和排除各种错误思想错误倾向的干扰，保持正确的发展方向，才能坚持党的全心全意为人民服务的宗旨，保持党同人民群众的血肉联系，才能妥善处理各种利益关系，最大限度地调动各方面的积极性、主动性和创造性。

（三）思想政治工作是我们党克服困难、夺取胜利的重要法宝

我们党的思想政治工作始终贯穿新民主主义革命、社会主义革命和建设、改革开放的全过程，在不同历史时期特别是关键时期发挥了重大作用。越是关键时刻，思想政治工作越显得重要。同样，越是改革开放，越要动员和团结群众，越要重视宣传思想工作，宣传思想工作只能加强，不能削弱，宣传思想战线的同志要认清自己肩负的重任，增强光荣感、责任感和使命感，奋发进取，真抓实干，创造性地做好工作。

三、思想政治工作是实现党和国家各项任务的中心环节

改革开放以来，国际形势发生广泛而深刻的变化，国内社会主义建设和改革也出现了许多新情况、新问题，我们党要团结全党和全国各族人民实现党和国家的各项任务，离不开强有力的思想政治工作。作为党的工作的重要组成部分，思想政治工作是把党和国家的各项任务联系起来的纽带，是实现党和国家的各项任务的中心环节。思想政治工作只有渗透到党和国家的各项任务之中才能充分发挥作用。我国社会主义革命、建设和改革的实践证明，一切工作的进步都应以思想进步为先导，都应紧紧抓住思想政治工作这个中心环节。

（一）思想政治工作是加强党的先进性建设的重要途径

思想政治建设是党的建设的首要任务。我们党历来强调要从思想上建党，把思想政治建设摆在党的建设的首位，这是我们党提高自身凝聚力、战斗力的一条十分重要的经验，也是我们党始终保持工人阶级先锋队性质，坚持拒腐防变的一项根本性措施。如果党员在思想上弄不清楚我们党是一个什么性质的党，代表哪个阶级的利益，我们党的奋斗目标是什么，就谈不上统一的思想和统一的意志，谈不上增强党的凝聚力、提高党的战斗力。加强和改进党的建设，核心是坚持和发展党的先进性，思想政治工作是加强党的先进性建设的重要途径。加强党的先进性建设就是要使我们党始终代表中国先进生产力的发展要求，代表中国先进文化的前进方向，代表中国最广大人民的根本利益，不断提高执政能力，巩固执政地位，完成执政使命。思想政治工作对于把先进性建设的要求贯穿于党的建设新的伟大工程的各个方面具有不可忽视的作用。

（二）思想政治工作是实现党的领导的重要方面

我们党是执政党，是中国特色社会主义事业的领导核心。党的领导主要是政治、思想和组织的领导。党的政治领导是根本，主要是解决方向、道路问题，党的组织领导是实现党的政治领导的组织保证，服务于政治领导，党的思想领导则是政治领导和组织领导的基础和前提，没有党在思想上的一致，就无法保证党在政治上、组织上的统一。无论是政治领导、组织领导还是思想领导，都离不开思想政治工作，如果离开思想政治工作，必然削弱党的领导。在新的历史条件下，加强和改善党的领导，其中很重要的一条，就是做好思想政治工作。党的领导得到加强，党的领导工作卓有成效的时候，就是党的思想政治工作被重视、起作用的时候；党的领导被削弱，党的领导出现失误的时候，也往往是思想政治工作被忽视、贬低或歪曲的时候。因此，实现党的领导要靠强有力的思想政治工作。

（三）思想政治工作是加强党的执政能力建设的重要内容

善于做好新形势下的思想政治工作是加强党的执政能力建设的重要内容，也是提高党的领导水平和执政能力的重要体现。《中共中央关于加强党的执政能力建设的决定》把加

强和改进党的思想政治工作，加强和改进新形势下的群众工作，作为提高党的建设社会主义先进文化和构建社会主义和谐社会的能力的重要方面，这是从党的执政能力建设这个新视角对思想政治工作的一个整体定位。党的思想政治工作本质上是群众工作，是宣传群众、教育群众、引导群众、提高群众的工作，它把人民群众紧密团结在党的周围，不断增强党的阶级基础，扩大党的群众基础。

四、思想政治工作是宣传思想领域的基础性工作

思想政治工作是党的工作的一个极其重要的组成部分，是一个重要的领域。做好思想政治工作，始终是党在宣传思想领域的一项基础性工作。必须从国际和国内、历史和现实的角度，高度重视和做好新时期的思想政治工作。

（一）思想政治工作是宣传思想部门的基本职责

思想政治工作作为宣传思想战线的基本职责，核心是理想信念教育，基础是思想道德建设。思想政治工作要深入开展党的基本理论、基本路线、基本纲领和基本经验教育，深入开展中国革命、建设和改革的历史教育和国情教育，引导广大干部群众正确认识社会发展规律，正确认识国家的前途和命运，树立正确的世界观、人生观、价值观，不断坚定中国特色社会主义的共同理想信念。思想政治工作说到底是做人的工作，必须坚持以人为本，既要坚持教育人、引导人、鼓舞人、鞭策人，又要做到尊重人、理解人、关心人、帮助人。思想政治工作必须结合经济工作和其他实际工作一道去做，把解决思想问题同解决实际问题紧密结合起来。要大力宣传立党为公、执政为民的要求，着力营造"权为民所用，情为民所系，利为民所谋"的良好氛围，深刻阐释群众利益无小事的道理，多办得人心、暖人心、稳人心的好事实事，把党和政府的温暖送到群众心坎上。

（二）思想政治工作是社会主义精神文明建设的基础性工作

社会主义精神文明是在社会主义条件下人们改造客观世界的同时，改造主观世界以及社会的精神生产和精神生活的成果的总和。社会主义精神文明是社会主义社会的重要特征，是社会主义制度优越性的体现。社会主义精神文明建设的基本内容包括思想道德建设和教育科学文化建设两大方面。思想道德建设要解决的是整个民族的精神支柱和精神动力问题，教育科学文化建设要解决的是整个民族的科学文化素质和现代化建设的智力支持问题。这两个方面密不可分、缺一不可。思想道德建设解决的是精神文明建设的根基问题，是精神文明建设的核心和灵魂，决定着精神文明建设的性质和方向，对社会的政治经济发展有巨大的能动作用。教育科学文化建设是精神文明建设不可缺少的基本方面，它既是物质文明建设的重要条件，也是提高人民群众思想道德水平的重要条件。党的思想政治工作的基础是思想道德建设，二者在本质上、内容上是一致的。因此，思想政治工作是社会主义精神文明建设的基础性工作。

（三）思想政治工作是构建社会主义和谐社会的内在要求

社会主义和谐社会是民主法治、公平正义、诚信友爱、充满活力、安定有序、人与自然和谐相处的社会。构建社会主义和谐社会，既需要雄厚的物质基础、可靠的政治保障，又需要有力的思想保证、精神支撑和良好的文化条件。发挥思想政治工作在构建社会主义和谐社会中的政治优势，能够为构建社会主义和谐社会筑牢共同思想道德基础。要坚持马克思主义在意识形态领域的指导地位，用马克思主义和中国特色社会主义理论体系武装全党、教育人民，树立中国特色社会主义的共同理想信念，巩固全党全国人民团结奋斗的共同思想基础，为构建和谐社会提供强大精神动力。通过大力弘扬以爱国主义为核心的民族精神和以改革创新为核心的时代精神，倡导公平正义、诚信友爱的社会风尚，激发人民群众的爱国热情，激发全社会的创造活力，从解决人民群众最关心的现实问题入手，妥善处理新形势下的人民内部矛盾，妥善处理不同利益群体关系，最大限度地调动一切积极因素，为构建和谐社会营造良好的人际关系。

（四）思想政治工作是营造良好社会环境的重要途径

维护社会稳定，缓解社会矛盾是思想政治工作的重要任务。社会稳定对于经济发展至关重要。在社会主义市场经济条件下，社会体制在变，利益格局在变，社会经济成分、组织形式、就业方式、利益关系和分配方式日益多样化。在这些变化之中，难免会出现一些影响社会环境的矛盾和不稳定因素。如果这些矛盾和不稳定因素得不到及时有效的解决，就会直接妨碍生产力的发展，不利于当前政治局面的安定团结。处理这些矛盾和不稳定因素，除了运用经济、法律、政策、制度的手段以外，做好人的思想政治工作至关重要。通过思想政治工作对广大群众摆明道理，理顺情绪，消除疑虑，为经济社会发展创造良好的环境条件，也为其他一切工作的顺利开展提供宽松的外部环境。

第四节　思想政治工作的作用

思想政治工作是一门科学，思想政治工作者是"灵魂工程师"，在社会主义物质文明、政治文明、精神文明、和谐社会建设中起着重要作用。

一、思想政治工作在物质文明建设中的作用

思想政治工作是社会主义物质文明建设的重要保证。思想政治工作紧紧围绕经济建设这个中心，紧密结合各项业务工作来做，能够为我国物质文明建设提供强有力的精神动力和思想保证。思想政治工作通过维护生产资料所有制的性质、市场经济发展的社会主义方向和生产经营为人民服务的特征，确保物质文明建设的正常进行，保证物质文明建设始终

朝着社会主义的正确方向发展。思想政治工作通过提高广大人民群众的思想政治觉悟，充分调动人们的积极性、主动性和创造性，为社会主义物质文明建设提供强大的精神动力，营造正确的舆论氛围和安定团结的社会环境，从而鼓励人民群众积极投身社会主义现代化建设事业。

事实上，要调动劳动者的积极性，主要靠行之有效的思想政治工作。这是因为构成劳动者积极性的主体因素——劳动者的思想政治道德素质，只有依靠强有力的思想政治工作才能形成。而由思想政治工作所形成的劳动者的思想政治道德素质对生产力的发展起着重大作用。大力加强思想政治工作、培养和提高劳动者的思想政治道德素质，必然会有力地促进生产力发展。

二、思想政治工作在精神文明建设中的作用

思想政治工作与其他工作的目的一样，具有预期性。思想政治工作者在正确认识受教育者现有状态的基础上，能够通过头脑的分析、综合、推理、创造性思维，发现受教育者成长发展的规律，预测受教育者发展成长的前景，预先确定思想政治工作的目的，这样思想政治工作就有促进人的思想政治素质发展的功能，能够面向未来，勾画出未来现代化建设所需要的人的思想政治素质。我国正处在一个伟大的历史转折时期，每前进一步都要靠思想政治工作的教育和引导；我国是一个社会主义国家，在现代化建设中面对的是纷繁复杂的国际环境，意识形态领域的斗争任务非常艰巨复杂。顺应时代发展推进思想政治工作，目的是为了更好地发挥思想政治工作在社会主义现代化建设中的巨大作用。

（一）思想政治工作是社会主义精神文明建设的中心环节

社会主义精神文明建设包括思想道德建设和教育科学文化建设，它既包含全民族科学、教育、文化等事业的繁荣，也包括良好社会风尚的树立、社会文明程度和全体公民思想道德水平的提高。思想政治工作是直接作用于人的思想和精神领域的，它既是建设社会主义精神文明的题中应有之义，也是建设社会主义精神文明的重要载体和手段。思想政治工作就是要"以科学的理论武装人，以正确的舆论引导人，以高尚的精神塑造人，以优秀的作品鼓舞人"，不断提高全民族的思想道德素质和科学文化素质，形成健康向上的精神状态和社会风气。这是建设社会主义精神文明的根本要求，也是思想政治工作的根本任务。

（二）思想政治工作是建设社会主义精神文明的重要保证

根据马克思主义基本原理，无论是社会主义思想意识，还是社会主义文化，都不可能自发地产生和发展，要通过党的思想政治领导和思想政治工作，灌输到工人阶级和广大群众中间，才能逐步形成和发展起来。提高整个中华民族的思想道德素质和科学文化素质，

最主要的途径是要开展强有力的思想政治工作，进行马克思主义理论的教育。社会主义精神文明建设是否取得了实效，关键是看人们的精神面貌状况、看党风和社会风气状况，而思想政治工作是人们改变精神面貌和形成良好的党风和社会风气的重要保证。

（三）思想政治工作是协调人际关系的基本方法

人的思想矛盾和问题不是无缘无故产生的，人们生活在不同的社会群体之中，其社会地位、实践经验、知识水平和认识能力等各不相同，对利益的追求，对事物的认识，包括兴趣、性格、习惯等在内的个性，都存在着许多差异，再加上人们对整体和他人情况了解的局限性，就产生了问题和矛盾。协调人际关系，简单地用行政命令的方法不行，用强制压服的方法不行，只能用民主的、说服的、互相沟通以达到互相理解的方法以及批评与自我批评的方法，也就是通过思想政治工作，理顺矛盾和情绪，提高人的思想觉悟，对各项工作能起到促进作用。

（四）思想政治工作是培育民族精神、凝聚全民族力量的基本途径

民族精神是指一个民族在长期的历史发展过程中逐步形成和培育起来的一种群体意识，是一个民族共同的思想品格、价值取向和道德规范的综合体现，是该民族存在和发展的精神支柱。社会主义文化建设的一个重要职责，是要为我们的民族和人民提供强大的精神力量，始终保持奋发有为、昂扬向上的精神状态，投身到改革开放和现代化建设的宏伟事业中，为实现中华民族伟大复兴而努力奋斗。加强思想政治工作，对人们进行马克思主义的教育、中国历史和国情的教育以及远大理想和目标的教育，就在于培育和激励人们对伟大祖国执着、深厚的爱国主义情感，提高人们的民族自尊心和自信心，把中华民族的爱国热情和建设中国特色社会主义的共同理想，融入和渗透到人民群众中去，使之成为全国人民的共同行为准则和道德规范，成为团结和激励人们奋发图强、开拓进取的精神支柱。

三、思想政治工作在政治文明建设中的作用

（一）思想政治工作能够促进公民政治素质的提高

公民的政治素质是指公民群体在一定阶段所形成的政治行为能力的总和，它是社会、经济、政治等客观现实在公民身上的综合反映。一定社会的政治文明发展程度可以透过公民的政治素质得到折射，而公民的政治素质是一个复合性的概念，包括多种要素，特别是政治认知、政治情感和政治态度，它们影响到公民的政治行为，甚至是公民政治能力的提高，它们是公民个体行为的内在基础。

公民的政治认知不仅指公民对我国基本的政治制度、大政方针、政治领导人等的认知，而且还包括对自身的政治角色、自身的权利和义务等的认知。公民在认识政治现象、政治关系的心理活动中，同时也对国家的政治生活有着一种内在的体验，并受一定的阶级

利益、自身的利益或自身的经历所左右，形成一种爱或憎、信或疑、亲或疏、敬或恶、热忱关心或麻木不仁等感情。政治态度是一种心理现象，它可以在人们的行动中反映出来，也可以隐而不显，其原因就在于人们可以控制自己的态度表现。政治态度同公民的政治素质紧密相连，直接地影响到一定政治文化的生成和一定政治氛围的产生。所以，要用马克思主义及其中国化创新理论武装广大党员和群众的头脑，从而坚定中国特色社会主义共同理想和信念。

（二）思想政治工作是社会主义政治文明建设的重要保证

发展社会主义民主政治，建设社会主义政治文明，是全面建成小康社会的重要目标。社会主义政治文明建设的核心是建设高度的社会主义民主，保证广大人民当家做主。思想政治工作是社会主义政治文明建设的重要保证，这种保证作用主要体现在：一是思想政治工作通过长期的、经常的爱国主义、集体主义、社会主义教育，可以提升人们的思想政治素质，为巩固社会政治制度、维护社会政治稳定服务；二是思想政治工作通过提高人民群众的政治觉悟，培育人民群众的民主意识，增强人民群众的法治观念，增强人民群众的政治责任感，引导人民群众提升政治认知，参与政治生活，建设社会主义民主政治；三是思想政治工作通过建立制度防范机制，创新民主管理机制，健全完善民主集中制，提高民主管理水平，完善监督制约机制，推进社会主义民主政治的发展。

（三）思想政治工作要加强公民道德建设，实现德治和法治相结合

政治文明建设一个根本标志就是建设政治制度文明，就是要在依法治国、保持政治稳定的基础上，积极稳妥地推进政治体制改革，建立中国特色的社会主义法律体系和制度体系。思想政治工作是使公民树立对法律的认同观念，提高公民的法律素质和遵纪守法的自觉性的重要保证和有效途径。同时，与制度约束相比较，思想政治工作是一种无形的约束，它有利于提高政治主体自我约束、自我管理的能力。思想政治工作通过道德建设，为法治建设提供了道德支持，使德治和法治有机结合在一起。

四、思想政治工作在构建和谐社会中的作用

实现社会和谐，建设美好社会，始终是人类孜孜以求的一个社会理想，也是包括中国共产党在内的马克思主义政党不懈追求的一个社会理想。构建社会主义和谐社会，同建设社会主义物质文明、政治文明、精神文明是有机统一的。要通过发展社会主义社会的生产力来不断增强和谐社会建设的物质基础，通过发展社会主义民主政治来不断加强和谐社会建设的政治保障，通过发展社会主义先进文化来不断巩固和谐社会建设的精神支撑，同时又通过和谐社会建设来为社会主义物质文明、政治文明、精神文明建设创造有利的社会条件。

思想政治工作通过对利益调整的解释说明来维护社会和谐。改革开放以来逐步形成了利益关系格局特别是重大的利益关系，因此对利益关系特别是重大利益关系做出必要调整，是建设社会主义和谐社会的一个重要突破口。当不同利益群体的利益要求互不沟通的时候，每个利益群体都会强调自己的利益要求。当利益群体的利益要求缺乏正常的渠道表达的时候，便化为牢骚不满弥漫于社会，有时因处理不当，还会酿成不良后果。各级工、青、妇的组织系统和政府与群众的协商对话等，实际上都是进行思想政治教育的手段。政府只有经常将自己对于改革的正确认识告诉不同利益群体，及时进行人文关怀和心理疏导，才能使他们的心理趋于平衡，从而真心实意地维护改革、参与改革。在具体的思想政治工作中通过大量细致的工作，可以形成有利于改革的社会舆论氛围，从而使人们对利益的调整有正确的认识，缓解社会矛盾。

思想政治工作的协调作用主要表现在以下三个方面。

（一）协调人们之间的利益矛盾

在我国，广大人民群众的根本利益是一致的，同时也不可否认，随着社会的发展，不同利益群体也是客观存在的，人们之间的利益矛盾时有发生。要解决这种矛盾，既要靠收入分配政策的调整和利益分配格局的调整，也需要思想政治工作的"软性"协调。一是思想政治工作能够通过各种途径和方式，使不同利益群体或个体的利益诉求表达出来，增进相互之间的沟通和理解，减少由于沟通不畅带来的不满情绪；二是思想政治工作能够通过沟通、说服、宣传等方式，帮助各种利益群体克服认识偏差和心理偏差，在改革开放中不断进行自我调整；三是思想政治工作可以通过座谈、访谈和征求意见等各种方式，及时了解和掌握群众的思想和情绪，为修订、完善正在实施的政策和制定新的政策提供客观的民情民心依据。

（二）协调人际关系

人是社会的人，在社会交往过程中会产生各种各样的人际关系，任何人都不能脱离人际关系而存在。人际关系与人的个体成长、群体发展都有非常重要的关系。人际关系的好坏直接影响到人们的心理健康、行为方式乃至整个群体的凝聚力和向心力。当前我们所要建立的就是以平等、互助、协作、友爱、和谐为基础的社会主义的新型人际关系。思想政治工作在建立社会主义新型人际关系的过程中具有不可忽视的作用。主要表现为：一是通过思想政治工作，可以开展各种各样的活动，使人们增进沟通和相互了解，缓释自己的情绪，转变自己的态度，从而使人际关系正常起来；二是通过思想政治工作，可以引导人们在与他人交往中求同存异，做到互谅互让，或者是使人们的情绪和怨气通过一定的渠道得以发泄和疏解，或者通过思想政治工作部门的沟通梳理，促使有关职能部门顺利解决问题。

（三）协调人们的心理状态

心理状态是指人们的心理活动在某一短暂时间内的相对稳定特征，如认识过程中的理解和疑惑、情感过程中的喜悦和苦闷、意志过程中的坚忍和犹豫以及日常生活中的分心、冷漠、烦闷、紧张、失望、缺乏信心等。人们的心理状态是在一定的环境因素的刺激下逐步形成的，它反过来又通过行为对环境产生反作用。尤其是当人们产生消极的心理状态并由此引发消极的行为时，这一问题更需要加强思想政治工作。思想政治工作能够帮助人们确立辩证唯物主义和历史唯物主义的世界观和方法论，正确地分析问题、解决问题，通过摆事实讲道理的方式，克服人们的认识偏差、主观性、片面性等，促使人们形成良好的心理状态。此外，思想政治工作还可以在调整影响人们的主观因素的同时，通过各种途径来改变对人们产生影响的外部因素，进而从根本上解决影响人们心理状态的客观环境。

新时期的人民内部矛盾不仅仅是人民内部思想认识上的是非问题，而且是人民内部的利益关系和利益矛盾问题；不仅涉及与人民群众切身利益相关的突出问题，而且涉及与人民群众无直接利益关系的突出问题。新的历史条件下，维护社会公平，妥善处理人民内部矛盾，平衡人们的收入差距和利益矛盾，既需要正确运用经济、行政和法律等手段，也需要大力加强和改进思想政治工作。在现实生活中，由于人们的社会地位、实践经验、知识水平、认识能力、个性特点等方面的差异，人与人之间难免存在一些矛盾。从性质上讲，这些矛盾属于人民内部矛盾的范畴，但如果处理不好就可能激化上升为社会冲突，进而影响整个社会安定团结的良好局面。思想政治工作通过提高人们的思想觉悟，缩小认识差别，理顺社会情绪，可以减少社会矛盾的产生和激化，化解社会冲突，通过民主的说服教育和相互沟通的方式，可以建立团结互助、平等友爱、共同前进的新型人际关系。促进良好社会风气的形成，保持社会的和谐、稳定与发展。

第二章　思想政治工作的文化底蕴

思想政治工作无论是作为一门学科，还是作为一项实践活动，都与文化存在着天然的联系。文化性作为思想政治工作的一个根本属性一直存在，只是在不同的历史发展时期表现出来的明显程度不同。改革开放以来，国家对社会主义文化建设越来越重视，社会文化事业和文化产业逐渐成为带动经济社会发展的重要力量。在社会主义文化大发展大繁荣的今天，思想政治工作的文化性愈发彰显。对思想政治工作文化性的认识，需要我们从思想政治工作和文化的各自概念入手，对思想政治工作和文化的含义和特征有一个清晰的认识。

第一节　思想政治工作的含义和特征

要对思想政治工作的文化性进行充分的认识，首先需要我们理解思想政治工作的含义和特征。在准确理解思想政治工作的内涵和外延的基础上，认识文化性在思想政治工作各项特征中的重要地位和作用。

一、思想政治工作的含义

思想政治工作作为一个科学概念，具有丰富的内涵。从马克思恩格斯提出"宣传工作"，到列宁提出"政治工作"，再到中国共产党对这一概念进行发展和完善，最终确立了"思想政治工作"和"思想政治教育"两个紧密相关的独立概念。

（一）思想政治工作概念的提出和发展

思想政治工作作为马克思主义的一个概念范畴，其提出和发展经历了一个长期的过程，是伴随着无产阶级革命实践活动和教育活动不断发展和成熟的。

1. 马克思恩格斯提出"宣传工作"

马克思和恩格斯没有提出思想政治工作的概念，但是在他们的早期著作中，就已经出现了"宣传""教育"的概念。他们多次使用了宣传工作、教育工作等概念，强调加强对无产阶级的宣传教育工作。他们的著作中包含着许多的思想政治工作思想。在1847年马克思恩格斯创立共产主义者同盟时，在《共产主义者同盟章程》中提出了"宣传工作"的概念，强调加强对无产阶级的阶级意识、政治意识、科学社会主义理论的宣传和教育。在党章中，他们明确把"具有革命毅力并努力进行宣传工作"① 作为入党的基本条件之一。在他们的大量著作中，马克思恩格斯运用辩证唯物主义和历史唯物主义的立场、观点和方法，对思想政治工作进行了深刻的论述。

马克思恩格斯认为，思想政治工作在社会发展过程中发挥着重大作用，但是，从根本上说，教育脱离不了政治、经济和文化的制约，这些因素制约着思想政治工作的发展及其功能的发挥。思想政治工作具有历史性、民族性、阶级性等特征，做好思想政治工作，离不开具体的历史条件。

马克思恩格斯非常重视思想政治工作对社会发展的作用，马克思指出："最先进的工人完全了解，他们阶级的未来，从而也是人类的未来，完全取决于正在成长的工人一代的教育。"② 但是，他们也认识到，教育虽然对社会变革具有巨大的影响力，但它并不是社会变革的决定力量，单纯通过教育无法改变社会制度。生产力和生产关系，经济基础和上层建筑的相互关系及其矛盾运动才是决定社会性质和社会变革的关键因素。

马克思恩格斯科学地阐述了教育、环境与人的发展之间的关系。他们指出，人具有能动性，能够主动地接受社会的教育和环境的影响，并通过自己的实践活动能动地作用于客观世界。"环境的改变和人的活动的一致，只能被看作是并合理地理解为变革的实践。"③ 人们"在改造环境的同时也改变着自己"。④

马克思恩格斯科学地论述了思想政治工作能够有效地促进人的全面发展。马克思将教育与人的全面发展、社会生产方式、社会分工联系在一起，认为大工业的发展必然会促进人的全面发展，教育对人的全面发展和大工业的发展都具有重要的作用。正如马克思所指出的：大工业需要"得到全面发展、能够通晓整个生产系统的人"，"教育将使年轻人能够很快熟悉整个生产系统，将使他们能够根据社会需要或者他们自己的爱好，轮流从一个生产部门转到另一个生产部门。因此，教育将使他们摆脱现在这种分工给每个人造成的片面性。"⑤

2. 列宁提出"政治工作"

列宁继承并发展了马克思恩格斯的"宣传工作"理论，并结合俄国革命的实际进行了创新和发展。他在领导俄国革命和建设的过程中，非常重视党的宣传工作，经常使用"政治工作""政治教育工作""政治宣传工作""政治鼓动工作""政治揭露工作""思想教育工作"等概念，并对无产阶级进行宣传教育的目标、任务、方向、策略等进行了广泛的论

---

① 马克思，恩格斯. 马克思恩格斯全集：第 4 卷 [M]. 北京：人民出版社，1958：572.
② 马克思，恩格斯. 马克思恩格斯全集：第 16 卷 [M]. 北京：人民出版社，1964：217.
③ 马克思，恩格斯. 马克思恩格斯全集：第 1 卷 [M]. 北京：人民出版社，1956：17.
④ 马克思，恩格斯. 马克思恩格斯全集：第 3 卷 [M]. 北京：人民出版社，1960：234.
⑤ 马克思，恩格斯. 马克思恩格斯全集：第 1 卷 [M]. 北京：人民出版社，1956：243.

述。列宁指出："对人民进行政治教育——这就是我们的旗帜，这就是全部哲学的意义。"①"政治文化、政治教育的目的是培养真正的共产主义者，使他们有本领战胜谎言和偏见，能够帮助劳动群众战胜旧秩序，建设一个没有资本家、没有剥削者、没有地主的国家。"②

（二）中国共产党对这一概念的运用

在革命、建设和改革的历史发展过程中，中国共产党始终重视加强对广大群众的理论武装、宣传鼓动、政治教育，并曾经运用许多概念来指称这一活动。

从新民主主义革命开始，中国共产党一直使用"宣传工作""思想工作""政治工作""政治思想工作"等概念，并在中国革命实践的基础上，对其具体内容进行了丰富和发展。

（三）学界关于思想政治工作概念的论述

对思想政治工作这一概念的表达，在不同的时期、不同的工作领域有所不同。在历史上，人们称之为"宣传工作""思想工作""政治思想工作""思想政治工作"等。即使是在当下，在不同的领域中也有着不同的表述，但集中体现为"思想政治工作""思想政治教育""思想政治教育工作"等。比如：党的思想政治工作、军队思想政治工作、企业思想政治工作、大学生思想政治教育、青少年思想政治教育、高校党建和思想政治工作等。由于历史的原因，这些概念虽然在表述上有所不同，但其表达的基本内容是相同的。在日常学习和工作中，人们一般认为思想政治教育与思想政治工作表达的内容基本相同。

关于思想政治工作的含义，学界从不同的角度，进行了不同的阐释，可谓见仁见智。

张蔚萍从党的工作全局的角度，将思想政治工作作为一项实践活动，也作为一个理论，还作为一门学科。作为一门学科，他提出了"思想政治工作学"的概念。对"思想政治工作"的概念，张蔚萍提出："思想政治工作既是党对人民进行思想政治教育和管理的职业化社会实践活动，又是进行思想政治教育和管理的一门学科。"③对这一概念，张蔚萍分别从"思想""政治""工作"三个子概念进行了阐释，他提出："思想"，既是指"人们的思想认识，包括感性认识和理性认识"，又是指"人们的思想意识和观念，主要是指人的世界观、人生观、价值观"；"政治"，既是指"人们的思想往往要打上政治的烙印，在阶级存在的社会里，还要打上阶级的烙印"，又是指"做思想政治工作要为党的政治任务服务，主要是为贯彻党的路线方针政策服务"；"工作"，既是指"思想政治教育的专业化活动"，又是指"思想政治管理的专业化活动"。④

中宣部思想政治工作研究所在《思想政治工作概论》一书中提出："思想政治工作，是专指无产阶级及其政党在进行无产阶级革命和社会主义建设的过程中，为引导和促进人

---

① 列宁. 列宁全集：第 13 卷 ［M］. 北京：人民出版社，1987：169.
② 列宁. 列宁全集：第 4 卷 ［M］. 北京：人民出版社，2012：306.
③ 张蔚萍，思想政治工作学教程 ［M］. 北京：中共党史出版社，2004.
④ 同③。

们认同、掌握马克思主义的思想理论、政治取向、政策主张而进行的宣传、动员、教育等方面的工作及其科学理论。"① 对中国共产党而言，具体是指："我们党在领导人民进行无产阶级革命和社会主义建设、改革的实践过程中，用马克思主义理论及其中国化的最新成果武装全党和全国人民的头脑，引导人民群众理解和把握我国革命、建设和改革的基本理论、基本路线、基本纲领、基本经验和各种重大方针政策，增强人民群众投身革命、建设、改革伟大事业的积极性、主动性和创造性，使人民群众更好地发挥推动社会进步的作用而进行的政治动员、理论宣传、思想教育等方面的工作。"②

张耀灿、郑永廷认为："思想政治教育是指一定的阶级、政党、社会群体遵循人们思想品德的形成发展规律，用一定的思想观念、政治观念、道德规范，对其成员施加有目的、有计划、有组织的影响，使他们形成符合一定社会、一定阶级所需要的思想品德的社会实践活动。"③

由此来看，思想政治工作作为中国共产党在历史发展过程中形成的实践经验和科学理论，其主体和内容都与党的建设密切相关。所谓思想政治工作，就是在党的领导下，思想政治工作者对工作对象实施一定内容的教育，从而使工作对象树立正确的世界观、人生观和价值观，调动起工作对象的积极主动性的过程。这里的工作者和工作对象都是相对概念，是从思想传播的角度来看的，社会思想从一个组织或个人传播给另一个组织或个人的过程，就是思想政治工作的过程。工作的内容具有政治性和意识形态性，是党的思想主张和社会意识形态的贯彻落实。

二、思想政治工作的特征

关于思想政治工作的特征，学界不同学者从不同的角度提出了各自的观点。张耀灿将新形势下思想政治工作的新特点概括为"政治性（意识形态性）、渗透性、民主性和主体性"④ 等。综合来看，思想政治工作作为一门教育人、影响人的思想的学科和一项社会实践活动，具有广泛的特征，主要体现在政治性、文化性、社会性、实践性、群众性、渗透性等方面。

（一）政治性

思想政治工作的政治性，又可以叫作思想政治工作的阶级性、党性、意识形态性。政治性是思想政治工作的鲜明特征，思想政治工作总是为一定的经济和政治服务的。可以说，政治性是思想政治工作的本质属性，在任何时候都不应该丢弃。

---

① 荆惠民. 思想政治工作概论 试用本 [M]. 北京：中国人民大学出版社，2007.
② 同①。
③ 张耀灿，郑永廷，等. 现代思想政治教育学 [M]. 北京：人民出版社，2006：50.
④ 张耀灿，等. 思想政治教育学前沿 [M]. 北京：人民出版社，2006.

即使是在经济全球化日益发展的今天，思想政治工作的政治性仍然不能忽略。这是因为在阶级社会中必然有一定的思想作为社会主流意识形态，这一社会主流思想领域无产阶级不去占领，资产阶级必然会去占领，马克思主义思想的削弱，必然就意味着资产阶级思想以及其他社会思潮的增强。虽然我们在对外交往中坚持求同存异、和平共处，但这并不意味着放弃马克思主义意识形态；相反，越是发展经济，越是改革开放，越要重视思想政治工作。思想政治工作的政治性不但不能削弱，而且必须要加强。

思想政治工作，是中国共产党的一项重要工作，是党的工作的一部分，是实现党的目标的重要手段。思想政治工作是我们党在长期的革命、建设和改革过程中形成的优良传统。思想政治工作的一个重要目标就是使人们树立正确的思想观念，提高人们的政治觉悟和道德素质，保证党和国家的意志贯彻落实到党员和群众工作之中，促进党的意识形态工作的顺利推进。在这个过程中，思想政治工作必须教育广大党员、保证广大党员坚持党性原则，在思想上、政治上、行动上与党中央保持高度一致。在这一点上，思想政治工作是旗帜鲜明、毫不含糊的。正如列宁所说："对待社会主义思想体系躲躲闪闪、摇摆不定，就必然有利于资产阶级思想体系。"[①]

马克思曾经指出："统治阶级的思想在每一时代都是占统治地位的思想。这就是说，一个阶级是社会上占统治地位的物质力量，同时也是社会上占统治地位的精神力量。……占统治地位的思想不过是占统治地位的物质关系在观念上的表现。"[②] 在社会主义国家，社会意识形态只能是马克思主义，思想政治工作必须坚持以马克思主义为指导。当然，思想政治工作的政治性已不再表现为革命斗争和阶级斗争，而是表现为社会主义现代化建设，实现中华民族伟大复兴。这就要求思想政治工作必须始终坚持以科学发展观为指导，通过有目的、有组织、有意识的思想教育活动，将马克思主义的基本理论和党的基本纲领、基本路线、基本方针、基本政策灌输给党员和群众，培养广大党员和人民群众充分运用马克思主义的基本立场、基本观点和基本方法，培养人们树立正确的世界观、人生观和价值观，做到为人民服务、为社会主义服务，促进经济社会的全面发展和人的全面自由发展。

（二）文化性

思想政治工作作为一种社会实践活动，不可避免地会受到周围文化环境的影响，尤其是民族心理素质的影响。一般来说，一个民族的"共同心理素质"强有力地影响甚至决定着这个民族的社会制度和生活方式。

（三）社会性

社会性是思想政治工作的重要属性。保持社会性，实现社会化，是思想政治工作的客观要求。所谓社会化，是指人接受社会文化的过程，更具体地说是自然人或生物人成长为

---

① 列宁. 列宁全集：第6卷［M］. 北京：人民出版社，1986：362.
② 马克思，恩格斯. 马克思恩格斯选集：第1卷［M］. 北京：人民出版社，1995：98.

社会人的全部过程。

思想政治工作作为一项社会实践活动，是在一定的社会历史条件下，在一定的社会文化环境中进行的，必定会受到社会外界环境的制约，受到社会文化的影响。同时，思想政治工作作为一项系统性的社会工程，在一定程度上也可以对各种外界影响因素做出选择和调节。也就是说，思想政治工作既应该努力适应经济社会发展的新需要新要求，也应该努力推动经济社会的全面协调可持续发展，努力做到与社会发展趋势保持一致。从一定程度上说，思想政治工作社会化的实现，离不开文化要素的影响。正如克鲁克洪所说："尽管所有具体的文化每一代的承担者不同，但它都会作为独一无二的唯一存在的实体存在下去。而且每一代文化，也都会作为一个整体传给新一代，从而，一代一代地传下去。我们把这种过程叫作社会化。"①

实现思想政治工作的社会化意义重大。第一，有利于避免思想政治工作孤立化的倾向。推动思想政治工作社会化，可以实现全员参与、齐抓共管，避免政工干部孤军奋战。第二，有利于避免思想政治工作封闭化、固化僵化的危险。推动思想政治工作社会化，可以使思想政治工作回归社会、回到生活之中，防止思想政治工作的"两张皮"、脱离实际等现象的发生。第三，有利于转变思想政治工作者的思想观念和工作模式。推动思想政治工作社会化，可以使思想政治工作者融入社会实践和人际交往之中，不断增长见识，提高能力，以适应经济社会发展变化的需要。

实现思想政治工作的社会化，要求思想政治工作必须与社会发展的客观趋势保持一致，根据经济社会发展的客观要求，不断调整思想政治工作的目标以及思想政治工作者的行为，引导思想政治工作者和工作对象深入社会生活之中，在社会生活中发现和挖掘思想政治工作资源，感受思想政治工作的魅力，努力实现思想政治工作的全员化，做到齐抓共管，全面发展。同时，也要充分发挥思想政治工作者和工作对象的积极主动性，在共同参与、相互交往、相互促进中，更好地实现个人的社会化，进而优化思想政治工作模式，增强思想政治工作的科学性、社会性和实效性。

（四）群众性

思想政治工作从本质上是做群众的工作，具有群众性。坚持思想政治工作的群众性，必须将思想政治工作建立在深刻把握广大群众思想活动特点的基础上，密切结合群众精神需要的客观实际，充分体现广大群众的主动性和自觉性，带着对广大群众的深厚感情去做好每一项工作。比如：在做思想政治工作时，必须把马克思主义理论、建设有中国特色社会主义思想道德的宣传教育的一致性，与社会不同群体的特点和要求的多样性统一起来，把理想信念和思想道德的宣传教育的理论性，与人民群众日常工作生活的实践性统一起

---

① ［美］克莱德·克鲁克洪，等. 文化与个人 ［M］. 杭州：浙江人民出版社，1986：110.

来。再如，开展思想政治工作，要注意因地制宜，因人制宜，因事制宜，因时制宜。不同地区、不同部门、不同领域的干部群众，所处的环境、承担的任务、面临的问题不同，其思想活动的特点和要求也会有所不同。我们在做工作的时候，一定要把握住这些特点和要求，有针对性地开展工作。

（五）实践性

实践性是马克思主义首要的、基本的观点。马克思主义对世界的认识都是从实践出发的。社会存在和社会发展，必须以人类共同的社会实践活动为基础，才是可能的。思想政治工作是教育的一部分，也是人类社会实践活动的一部分，必然具有实践性。在实践性特征上，马克思主义与思想政治工作具有根本的一致性。

思想政治工作只有根源于实践，只有在动态、开放、丰富的社会实践活动中，才能找准问题、解决问题，真正把工作做好。因此，实践性是思想政治工作的根本属性，从它的产生、发展、目的等各方面来看，无不渗透着实践的光芒。思想政治工作只能立足于实践，服务于实践，在实践中检验自身的真理性和有效性。对思想政治工作的理论研究也一定要坚持以马克思主义为基础，坚定地用马克思主义的立场、观点、方法来分析问题、解决问题。

思想政治工作作为一种社会实践活动，更多地体现为一种精神交往活动。在这个精神交往过程中，思想政治工作者和工作对象要发生思想的互动，但是仅仅停留在思想层面还不够，还必须体现在社会活动和具体实践当中。只有通过"行为—思想—行为"的转化，思想政治工作者和工作对象真正将思想体现在实践当中，思想政治教育活动才可以算作完成，思想政治工作的实践性才能得到充分展现。

（六）时代性和创新性

思想政治工作具有时代性和创新性，需要随着时代发展不断地进行改革创新，以满足时代的需要，增强自身的实效性。思想政治工作的内容和方法必须随着时代的发展变化和社会的需要不断创新，否则就会失去生命力和感召力。但需要注意的是，思想政治工作的核心内容是不会因为社会变迁而发生根本变化的，比如：关于马克思主义基本原理的教育、关于社会主义民主法治的教育、关于中国特色社会主义的教育等。

（七）渗透性

思想政治工作具有很强的渗透性。无论是通过上党课、组织党团活动等直接性的理论灌输和理论宣传，还是寓教于乐、寓教于学等融入性的思想政治教育活动，都渗透着意识形态的内容，教育人们积极努力地建设中国特色社会主义和实现中华民族伟大复兴。同时，这一思想政治工作活动必须结合具体的经济、业务、管理等一道去做，才能发挥出思想政治工作的功能，否则只能是"空对空""两张皮"。

进入社会主义建设时期之后，中国共产党的工作重心转移到经济建设上来，党的执政方式和思维方式也必须予以转变。思想政治工作对自身的渗透性的要求也就越来越高。可以说,渗透性是思想政治工作在新时期的显著特征。思想政治工作一方面应当结合经济、业务、管理等工作一道去做,另一方面应当融入日常的经济、业务、管理等工作之中,渗透到国民教育、社会实践的全过程当中,坚持"贴近实际、贴近群众、贴近生活",发挥"随风潜入夜,润物细无声"的良好效果。

第二节　文化的含义和特征

对于思想政治工作文化性的认识,还要充分认识文化的含义、特征和类型。中西方思想家、理论家对文化含义的认识有所不同,但主要方面具有一致性。文化具有政治性、传承性和民族性、时代性和创新性、主导性和多样性、渗透性和持久性等特征。依据不同的标准,文化可以分为多种不同的类型,如物质文化、制度文化、行为文化、精神文化、主文化、亚文化、反文化等。

一、文化的含义

在《辞海》中,文化可以用作名词,也可以用作动词。文化作名词时,从广义来说,指人类所创造的一切物质财富和精神财富的总和;从狭义来说,指社会的意识形态以及与它相适应的社会制度、组织结构、社会风俗等。也就是说,文化可以解释为一切物质和精神财富的总和,这是广义文化;也可以解释为观念行为的文化,这是狭义文化概念。文化作动词时,则是指中国传统社会中的文治和教化。

在中国传统汉语中,文化实际上是"人文教化"的简称,一般更专注于精神领域,与人们的感悟道理、培育规范联系在一起。它既包括了语言和文字,又包括了精神活动和物质活动的共同规范,还包括了共同规范得以产生、传播和认同的过程以及手段。

（一）马克思主义视域中的文化

在马克思恩格斯的著作当中,提到"文化"概念的频率并不高,而且他们也没有专门对"文化"概念进行解释和系统阐述,但是他们的著作中却包含着丰富的"文化"思想。马克思恩格斯将文化与人的发展结合起来,并从多重意义上使用了这一概念。在马克思那里,文化是一个含义宽泛的概念,与文明、文学、艺术、观念、思想、精神、意识形态等词语关系密切。

第一,文化是一种知识,是社会意识形态。马克思在《评一个普鲁士人的〈普鲁士国王和社会改革〉一文》中,提到魏特林的天才著作时,将文化与知识并列起来使用,也就是将文化等同于知识。在《哥达纲领批判》中,马克思提到了文化概念,指出:"孤立的劳动（假定它的物质条件是具备的）即使能创造使用价值,也既不能创造财富,又不能创造文化。"① "权利决不能超出社会的经济结构以及由经济结构制约的社会的文化发展。"② 可见，文化不同于物质财富，是精神的范畴，它受到社会经济结构的制约。

第二，文化是一种社会生活方式，是一种文明形态。马克思在《1844年经济学哲学手稿》中批判"绝对平均主义"时，将文化与文明并列起来使用，指出绝对平均主义是"对整个文化和文明的世界的抽象否定"③。在这里，文化具有了文明的含义，并包含着一个时期及其观念的意蕴。在《资本论》中，马克思也将文化与文明混同起来使用，没有做出严格的区分，将文化分为各个发展时期，并指出了"文化初期"的人们的需要及其发展手段。

第三，在狭义上，将文化等同于"文学""文艺""艺术"等，用这些词语来表达文化的含义。在《论住宅问题》中，恩格斯指出，明智的分工可以"使每个人都有充分的闲暇时间去获得历史上遗留下来的文化——科学、艺术、社交方式等等——中一切真正有价值的东西。"④ 在这里，恩格斯将科学、艺术、社交方式都作为文化的具体表现形式，这里的科学、艺术等，都是文化的一部分，在很多情况下都替代文化概念使用。

第四，从本质上来看，文化是人的对象化。马克思从人的本质的角度阐述文化的本质。马克思认为："人的本质不是单个人所固有的抽象物，在其现实性上，它是一切社会关系的总和。"⑤ 文化的本质，就是"培养社会的人的一切属性，并且把他作为具有尽可能丰富的属性和联系的人，因而具有尽可能广泛需要的人生产出来——把他作为尽可能完整的和全面的社会产品生产出来"⑥。也就是说，文化的本质和功能就是要促进人的全面发展。可见，文化也是社会的产物，它的产生和发展是由"一定的社会结构"和"人对自然的一定关系"⑦ 决定的。

在建设中国特色社会主义过程中，中国共产党从提出社会主义物质文明和精神文明"两手抓，两手都要硬"，提出物质文明、精神文明、政治文明协调发展，到加强社会主义经济建设、政治建设、文化建设、社会建设的"四位一体"总体布局，再到加强中国特色社会主义经济建设、政治建设、文化建设、社会建设、生态文明建设的"五位一体"的总体布局，对文化和文化建设都是从狭义的文化概念上去理解和阐述的。即我们所说的文化，主要是指精神层面文化，是观念形态的文化。

因此，从总体上来看，所谓文化，就是指在社会发展过程中形成的一种社会全体成员

---

① 马克思，恩格斯. 马克思恩格斯全集：第3卷 [M]. 北京：人民出版社，2009：430.
② 马克思，恩格斯. 马克思恩格斯全集：第3卷 [M]. 北京：人民出版社，2009：435.
③ 马克思，恩格斯. 马克思恩格斯全集：第3卷 [M]. 北京：人民出版社，2009：258.
④ 马克思，恩格斯. 马克思恩格斯全集：第3卷 [M]. 北京：人民出版社，1995：150.
⑤ 马克思，恩格斯. 马克思恩格斯全集：第1卷 [M]. 北京：人民出版社，1995：56.
⑥ 马克思，恩格斯. 马克思恩格斯全集：第30卷 [M]. 北京：人民出版社，1995：389.
⑦ 马克思，恩格斯. 马克思恩格斯全集：第33卷 [M]. 北京：人民出版社，2004：346.

共享的价值观念和行为准则，它是一种由具有地域特色的文化观念、社会宗旨、文化精神等构成的文化形式和行为模式，是经济社会发展的灵魂。

对文化的含义，可以从以下方面来理解：文化主要用作名词使用，并且主要是指观念形态的文化，即精神文化。在一些特殊情况下，文化也可以用来指一切物质财富和精神财富的总和，这时文化就包括物质文化、制度文化、行为文化、观念文化，等等。文化用作动词时，主要是指文治教化，多用于中国传统社会的教育之中。

文化的主要特征表现在：第一，文化是通过人们的学习得到的；第二，文化具有一定的形态并负载着某些意义，体现在不同的载体上，就会产生不同的形态，比如器物、制度、管理，等等；第三，文化的核心是价值观，价值观主导着文化的方向和作用。

（二）中国特色社会主义文化建设

通常意义上的文化建设，主要局限于精神文化的领域，主要指的是"教育、科学、文学艺术、新闻出版、广播电视、图书馆、博物馆等各项文化事业的发展和人民群众知识水平的提高"[①]。其中，教育应培养什么样的人，科学应为什么人服务，文学艺术、新闻出版、广播电视应坚持什么样的舆论导向等都需要一定的指导思想，这个指导思想仅仅依靠文化建设本身是无法完成的，必须依靠思想建设来完成。

文化建设区别于思想建设，但同思想建设一起构成了精神文明建设的主要内容。与文化建设不同，思想建设主要是社会主义意识形态的建设，主要指的是马克思主义理论的教育、共产主义理想信念的教育、中国特色社会主义共同理想的教育等。社会主义精神文明建设的性质和内容主要是由思想建设来决定的，而精神文明建设的推进主要是由文化建设来完成的。在整个精神文明建设过程中，思想建设和文化建设相辅相成、相互融合，共同推动社会主义精神文明建设。

思想政治工作作为一种灌输马克思主义意识形态的教育活动，是有效推进思想建设的主要途径和中心环节。中国特色社会主义思想理念在社会中的传播和在群众中的灌输主要是通过思想政治工作来完成的。因此，思想政治工作是顺利推进思想建设的根本保证，决定着文化建设的社会主义方向，也决定着精神文明建设的社会主义方向。同时，文化建设与思想政治工作的紧密结合，甚至将文化融入到思想政治工作之中，不仅有利于提高思想政治工作的文化含量，而且为思想政治工作提供了新的传播载体、教育途径和教育手段，增强了思想政治工作的实效性。

我们所说的中国特色社会主义文化建设也是从狭义的精神文化的层面去说的，内在地包含了马克思主义的思想建设和文化建设的内容，其核心就是社会核心价值体系的建设和教育。不过，在研究狭义文化时，决不能忽视经济基础和上层建筑的最终决定和直接影响

---

① 王瑞荪. 比较思想政治教育学［M］. 北京：高等教育出版社，2001.

作用，决不能忽视物质文化、制度文化、行为文化对精神文化的重大影响。

二、文化的特征

由文化的含义可知，文化与"人"有着密切的关系，可以说，文化是人的专属，有人的地方才会有文化。文化是人类的特有现象，人类所处的社会是一个文化的社会。文化的基本特征有：

（一）政治性

文化的发展不仅与经济发展相关，而且与政治发展紧密相连。政治属性是文化的一个重要特性，可以说，一切文化的历史都是一部政治思想史。文化作为存在于一定阶级、一定政治环境中的社会思想，其核心内容就是主流政治思想。

文化不仅要满足人们精神方面的需要，而且要作为一种主导性的意识形态，在巩固阶级统治、维护政治秩序中发挥重要作用。文化的使用，既反映了历史的进程，也改变了历史的进程，它们始终与政治社会利益和合法性问题紧紧相连。

（二）传承性和民族性

文化，是人类社会在历史发展的长河中进行的一代又一代的传承和积累，就像江水一样源远流长、川流不息。因此，文化具有传承性。

文化在世代传承的过程中，逐渐形成了具有地域性、民族性的特色文化或专属文化，使得一种文化与另一种文化产生了巨大的不同，体现出极强的民族特色。因此，文化具有民族性。文化的民族性，核心体现在民族的心理素质和民族性格。比如说，中华民族传统文化，就具有极强的东亚农耕性格，其中的"致中和""和为贵"等思想，充分体现出了鲜明的中国风格和中国气派。

（三）时代性和创新性

文化来源于社会实践，是现实生活的反映，又必须服务于现实生活。因此，它是时代发展的产物，具有鲜明的时代性，它总是随着时代的不断变化而不断发展，并且充分融入时代发展、体现时代特色，这也是其保持极强生命力的重要体现。不管是外国文化，还是中国传统文化、中国现代文化，都要适应现实生活、不断发展创新、富有时代特征、体现时代精神，故步自封、与时代发展脱节的文化是没有生命力的。

文化的时代性，决定了文化必须不断发展创新。文化的创新性，是指文化的内容随着社会环境变化、社会自身发展和社会目标变革，而随之不断发展和变化。随着社会变革，社会的价值观念、社会精神、思维方式、风俗习惯等都会发生不同程度的变化，以适应不断发展的现实社会需要。

（四）主导性和多样性

在一个社会中，由于各种不同类型的社会群体的存在而产生了多种多样的文化，文化多样性是一种客观现象。各种群体的文化表现出不同的特点，具有独特性。同时，在多种多样的文化中，也必然有一种占主导地位的文化，以引领社会发展的方向，这种主导文化是与社会的经济、政治发展相对应的。

思想政治工作是与社会主义文化相适应的，以党的路线方针政策、社会主义价值观念、社会道德规范等社会主导思想为教育的核心内容，不会因为文化的多样性而改变主流的价值导向。

（五）渗透性和持久性

文化对人们的影响是以一种渗透性的方式进行的，它是一种隐性的、潜移默化的过程。文化附着在各种产品、行为之中，让人们在无形中接受文化熏陶，在不知不觉中形成一定的思想观念和行为习惯，养成内在道德。这对思想政治工作的方式方法提供了有效的借鉴。

文化作用方式的隐蔽性和渗透性，决定了文化的作用效果的持久性和深远性。人们在一定的文化氛围和文化活动中形成了一定的思想观念、道德品质和行为习惯，这是一个长期的过程。而此思想观念、道德品质、行为习惯一旦形成，也很难改变，在这种文化自身没有完全改变的情况下，人们必然会始终坚持下去。

三、文化的类型

文化的定义多种多样，同样，文化类型也多种多样。人们对文化的划分可以说有很多种方法，根据不同的依据和标准可以将文化划分为不同的类型。比如，依据文化的类型，可以将广义文化划分为物质文化、制度文化、行为文化、精神文化；依据文化的地位，可以将狭义文化划分为主文化、亚文化、反文化；依据文化的时间，可以划分为现代文化和传统文化；依据文化的范围，可以划分为外来文化（外国文化）和本土文化（本国文化）；依据文化的性质，可以划分为先进文化和落后文化；依据文化的主体，可以划分为精英文化和大众文化；依据文化的形态，可以划分为有形文化和无形文化。这些划分的文化形态，都是我们在日常生活中经常见到或经常使用的。

在划分过程中，不仅不同的划分方式之间可能存在交叉，而且在同一种划分方式中的不同类型之间，也存在一定的重合性；并且文化的各个类型之间也不是彼此孤立的、不相容的，它们在很大程度上是彼此交融、杂糅共存的，一种文化类型可能也具有另一种文化类型的某些特征。文化之所以能归为一种类型，只是说，它在某个方面的性质和特征比较突出而已，这种类型的划分只是相对的，而不是绝对的。尽管如此，各种文化类型的划分，对了解当代文化发展现状、把握当代文化发展特征、促进当代文化交流融合具有重要意义。

（一）物质文化、制度文化、行为文化、精神文化

基于文化的分层，可以将广义文化划分为物质文化、制度文化、行为文化、精神文

化。每个类型或子系统的文化都有自己的特定内容，同时又包含着诸多要素，发挥着重要的功能。

1．物质文化

物质文化是指人们在改造自然的过程中制造的各种工具、器具和物品。它以直接满足人们的衣、食、住、行等最基本的生存发展需要为目标，是文化建设的重要基础和有效载体。它包括人们的物质生产活动及其生产的各种产品，直接反映着社会生产力的发展水平以及人们适应自然、改造自然的能力。物质文化具体体现在各种环境设施、建设布局、建筑风格、绿化美化、物质产品以及各种活动设施之中。每一个国家的技术或制成品，全都是该国文化的产物。

2．制度文化

制度文化是指人们在社会实践过程中形成的社会规范、社会组织结构等各种制度的总和。它是一套人们共同遵守的社会管理体系，包括生产关系、建立在生产关系上的各种社会关系、政治制度、各种社会行为规范和准则，等等。制度文化具体体现在各种社会制度、管理体制、社会组织、行为规范之中。

3．行为文化

行为文化是指人们在社会实践和人际交往过程中形成的约定俗成的习惯性行为方式。它一般以民风民俗的形态出现，体现在日常生活中的各种行为模式之中，具有鲜明的地域性、民族性。它包括社会成员的社会行为、行为方式、风尚习惯、民风民俗等。

4．精神文化

精神文化是指人们在长期的社会实践和意识活动中形成的价值观念、审美情趣、思维方式等精神成果的总和，是人们的思想意识系统。人们的思想意识系统是由音节清晰的语言及其他符号形式所表达的思想、信念、知识等构成。

一般来说，精神文化又可以区分为社会心理和意识形态，而意识形态又包括政治、法律等基层意识形态和哲学、文学等高层意识形态。精神文化具体体现在各种文化设施、生活方式、思想道德、价值观念、思维活动、理想信念以及教育、科学、文学、艺术、娱乐活动之中。

5．四种文化的关系

物质文化，是文化建设的基础和平台，是文化理念的物化体现，它是制度文化、行为文化和精神文化的前提条件。制度文化，是文化建设的关键，它是物质文化、行为文化和精神文化的规范性反映，是有效推进文化建设、促进各种文化协调发展的根本制度保障。行为文化是文化建设的重要着力点，它是物质文化、制度文化和精神文化发展的动力源，为各种文化的发展提供有效支撑。精神文化是文化建设的核心和灵魂，它是物质文化、制度文化和行为文化的主导，引领着各种文化的发展，保证和决定着物质文化、制度文化和行为文化的发展方向。这四个层面的文化有机统一、相互作用，共同形成了文化由浅入深、由表及里的有序结构，共同决定着文化建设的整体功能。

（二）主文化、亚文化、反文化

基于价值体系和社会势力的差异，可以将狭义文化（精神文化）划分为主文化、亚文化和反文化。

1. 主文化

主文化是指在社会上占主导地位的文化，它为大多数人所接受，并对大多数人的价值观念、行为方式、思维模式具有重大影响。一个社会的核心价值体系和道德规范体系，一般都与主文化密切相关，是社会主文化的具体体现。同时，这种关系又是复杂的。一定社会的核心价值和道德规范并不一定与主文化完全一致。这就需要我们将主文化继续细分，可以分为主导文化、主体文化和主流文化。所谓主导文化，是与权力密切相关的文化，它以权力为基础，为权力服务。所谓主体文化，是指在文化整体中占据主要部分的文化。所谓主流文化，是在一定时期内，产生主要影响、代表主要趋势的文化，它反映了这一时期的主要思潮和社会风尚。

在一般情况下，社会的主导文化、主体文化和主流文化应该是一致的，共同反映了一个社会的主文化。在社会急剧转型和社会文化剧烈变迁的时期，这三种文化就可能出现不一致的情况。比如：近代以来，我国社会的主导文化还是封建文化，但主体文化和主流文化已经变为革命文化，这就迫使着我国的主导文化要发生变迁，成为革命文化。在当代中国，我们的主导文化，是坚持以马克思主义为指导，吸收中华民族优秀传统文化和借鉴世界优秀文化成果的中国特色社会主义文化。主体文化和主流文化也应该体现这些特点。但随着科学技术和现代经济的发展，大众文化日益盛行，并逐渐占据主体地位。同时，随着西方各种社会思潮的渗透和影响，马克思主义的主流地位也在一定程度上受到挑战。

2. 亚文化

亚文化是指在社会上占次要地位或从属地位的文化，它所代表的价值观念和行为方式处于从属地位，在文化整体中是次要的一部分。亚文化存在于各种各样的不同社会亚群体之中，深刻地反映了其所属群体的内在特性。不同的亚群体根据自身的特点和目标形成了各自的社会形象和文化特质，呈现出多样性的特征，这决定了亚文化的多样性。

社会亚文化多种多样，主要包括校园文化、企业文化、社区文化、家庭文化、乡村文化、青少年文化，等等。他们具有一定的特质或对象，其影响更为直接和具体。

3. 反文化

反文化，是与社会主文化相对而言的，主要是指与社会主流文化相背离或相反叛的文化，它具体会表现为某种文化思潮或者社会运动。反文化的发动者和主力军一般都是青年人，他们的反叛或叛逆心理在其中发挥了很大的作用，从而汇聚成一股很大的文化力量，形成一种反文化的思潮或运动，因此也可以称为青年文化运动。

在一定意义上说，反文化汇集了各种颓废精神，反映了一些青年人的浮躁和迷惘的心理，对青年人尤其是青少年儿童来说会产生很大的危害，使青少年受到不良文化的影响，造成精神污染；同时，对社会的主流文化传统和价值观念也造成冲击。但是，反文化并不只是对社会的反叛和消解，在一定程度上能够对历史发展起到建设性的作用。

反文化思潮一般只是社会的一种暂时现象，它最终会实现转化，出现两种截然不同的命运。一是在社会的强大压力下，或者由于青年人自身心理状态和思想观念的变化而最终消失；二是其中的一些文化内容和文化成分被社会普遍接受，从而成为一种社会亚文化形态，或者成为社会主流文化的一部分，也就是实现"反文化的主流化"。

四、思想政治工作与文化的关系

思想政治工作和文化的关系是"你中有我、我中有你"的交叉关系。它们有各自的特点，但是，在培育社会精神、开展道德建设、塑造社会形象等方面，却有着很多共同之处。

（一）相同点

从文化的产生和发展来看，文化是人类在历史发展中的经验积累，是人类智慧的结晶，是人类发展的文明成果，它无形地渗透和融入人类社会生活的方方面面，极大地、深刻地影响着人们的思想观念和精神状态。而对思想政治工作来说，从本质上看，就是通过教育使人们形成正确的、社会所要求的价值观念和精神品质的过程。这种一致性使思想政治工作与文化具有内在的统一性。

思想政治工作中包含着思想、政治、道德等方面的教育，从这个角度看，这种教育就是自人类社会产生以来就有的。在一定的文化环境中，思想政治工作以一定的社会文化为载体，通过文化传承、文化熏陶、文化渗透、文化自觉等方式，潜移默化地促进个人思想品质和行为方式的内化，这表现出思想政治工作的极强的文化属性。

从文化的属性上来看，思想政治工作和文化都是属于意识形态的范畴，都是建立在一定的经济基础上的上层建筑，都是为社会的经济基础服务的。这种属性决定了我国的思想政治工作和文化建设都必须坚持中国共产党的领导，坚持中国特色社会主义的发展方向。我国当代文化是中国特色社会主义文化，具有社会主义的属性，坚持社会主义的思想观念、价值原则、道德品质、行为规范，体现了我国社会主义精神文明建设的基本要求，这与思想政治工作的要求是基本一致的。可见，发挥思想政治工作的作用，能够有效保证我国社会主义文化建设的正确方向。

从思想政治工作的属性上来看，思想政治工作是一种社会文化现象。它以社会所要求的文化为载体，对社会主文化进行传播、践行，实现人由"自然人""生物人"向"社会人""政治人""文化人"的转变。可以说，思想政治工作是"文化化人"现象的一种特殊表现形式。思想政治工作同时也是一种政治现象。它以一定的阶级提出的政治要求为标准，来汲取社会文化资源，以社会的政治需要来教育人，进而形成社会所要求的价值观念，以文化教化的方式来实现一定的政治目标。

从当代中国文化发展的特点来看，文化建设的内涵越来越强调提高人们的思想道德素质、文化心理素质、人格素质等内在素质，这一特点与思想政治工作的含义具有相同性，这为思想政治工作的改革创新提供了广阔的空间。

因此，思想政治工作与文化具有一定的共同性。从一定意义上来说，文化建设就是以一定的社会文化为载体，以社会制度为保障的思想政治教育活动。也就是说，新时期的思想政治工作可以把文化作为有效的载体，将社会所要求的价值观念和道德素质寓于文化之中，通过各种丰富多彩的文化教育活动来强化人们的政治思想素质和道德素质。

思想政治工作与文化建设之间在很多方面都存在着共同性，这种共同性构成了它们相互结合的现实基础，决定了它们之间的天然的、内在的客观联系以及彼此之间的相互促进作用。比如说：思想政治工作和文化建设的作用对象都是人，都是通过改变经济社会发展中最活跃的成分——"人"，来达到改变物质产品、行为、制度和精神状态的目的。思想政治工作和文化建设都是以思想、观念、价值、精神等因素为改造对象，正是由于文化建设脱离了物质、行为和制度的表象，处于思想保证、精神支柱和动力源泉的地位，思想政治工作才能够顺理成章地与文化建设相结合。思想政治工作和文化建设追求的效果具有共同性，都是追求经济社会发展的整体性、长久性和系统性的影响。

（二）不同点

思想政治工作与文化具有一定的区别，两者各有其不同的社会作用和意义，因此，他们既不可偏废，又不可简单代替。所谓的"一体论""替代论""排斥论"等说法都是存在片面性的。

第一，含义不同。思想政治工作是中国共产党将正确的思想理论灌输给人民群众，使之形成与社会发展、与党的意志和要求相一致的过程；是将党的先进理论和科学的世界观灌输给人民群众，进而提高群众的政治觉悟和思想道德水平的过程。这一过程是一个自觉的过程，是一个灌输的过程。它以一定的权力因素为后盾，更带有强制性。而文化是人类在一定的地域条件和社会环境中形成的文明成果，这些成果又在无形中融入到人们的生活之中，影响着人们的思想观念和生活方式。这一过程更具有自发性的特点，是一个无形渗透的过程。相对来说，它含有更少的权力因素，带有更小的强制性。

第二，学科归属不同。思想政治工作作为一门具有较强的实践性的理论学科，带有较强的政治性，是一种政治文化，属于政治学门类。在 2005 年成立马克思主义一级学科后，又被划归为马克思主义一级学科下面的二级学科，成为马克思主义的实践性学科，其理论基础是马克思主义哲学、政治经济学和科学社会主义等马克思主义基础理论。从学科属性上来看，文化建设是属于经济文化的范畴，偏重于文化管理的问题，是一门现代管理科学，属于"软性管理"。各种社会亚文化的建设，如校园文化建设、企业文化建设、社区文化建设等都与管理有关。管理学是一门综合性的学科，除了包含自然科学的有关学科知识外，还包括社会学、政治学、文化学、心理学、美学等人文科学；文化融入——思想政治工作的方法论研究的知识。人类对文化的研究，是建立在西方行为科学理论的基础上的，并经过人类对"以人为中心"的管理实践和探索而发展起来的。其理论基础包括文化人类学、管理学、心理学、传播学等。

文化建设是社会的一项文化实践活动，并不是一门学科，并且它与文化学等相关理论学科还是有一定区别的。这里的文化建设特指社会主义文化建设，具有历史性、政治性和意识形态性；而文化学理论发源和成熟于国外，是重点阐述国外文化发展规律的一门理论学科，这虽然对我国文化的发展具有一定的借鉴意义，但需要经过本土化、时代化的改造，不能完全套用。因此，文化建设与文化学之间的区别，不仅在于实践和理论上的区别，而且在于中国与外国、现代与历史的区别。

第三，产生的条件不同。思想政治工作是随着中国共产党的成立和发展而逐渐形成和发展起来的，是党的一大优良传统和政治优势。在革命、建设和改革的过程中，思想政治工作在实践中的经验不断得到丰富和积累，并逐渐形成了一套完整的思想政治工作理论体系，逐步提升科学化水平。在建设中国特色社会主义过程中，思想政治工作必将随着时代的发展，不断实现改革创新、丰富完善，发挥出强大的威力和巨大的作用。

而文化是伴随着人类历史发展产生的。可以说，有了人类的文明，就有了人类的文化。从文化产生开始，就具有一定的意识形态性，为社会制度和社会统治服务，但是，仅仅通过文化并不能确定是为哪一种社会制度或社会意识形态服务。任何一个社会历史阶段，任何一种制度社会，都存在文化。文化只有存在于一定的时空条件下，并且与一定的社会制度、社会结构相结合，才能有效地发展壮大。在我国，我们所说的"文化建设"，是指社会主义条件下的当代中国文化建设，这种建设是中国的，而不是外国的；是现在的，而不是历史的。它是社会主义先进文化的充分体现，中国传统优秀文化的弘扬继承，世界优秀文明成果的借鉴吸收。

第三节　文化彰显、文化互动与文化融入

思想政治工作的文化性，体现了思想政治工作与文化之间的密切关系，表现在思想政治工作的文化性的彰显、思想政治工作与文化的互动、思想政治工作的文化融入等方面。

一、文化彰显

任何一个国家的思想政治工作的发展都不可能脱离文化，而文化的传承、发展与繁荣也不可能离开思想政治工作。在一个具有相对稳定性的社会，文化与思想政治工作大致会保持在一种相互适应和功能耦合的状态。

（一）教育的文化性

教育作为一项社会活动，具有典型的文化特征。它是文化的一部分，构成了教育的背景因素和主要内容，同时，文化也具有潜在的教育力量。

第一，教育是文化的一部分。经济社会的发展和人们之间的交往，从根本上影响着社会文化的发展和变迁。随着社会主义市场经济的发展，教育与社会、与生活之间的关系越来越密切。从一定程度上说，教育已然成为社会文化的一部分。教育是以社会存在的各种文化为基础的，是通过各种文化的积淀而形成的，同时，教育的这种文化积淀也深深地影响着人们的精神文化生活。

第二，文化构成了教育的背景因素和主要内容。教育的目的是为了向人们传输一定社会的文化知识和价值观念，而这些内容原本就是一定社会精神层面的文化，主要包括一定社会的价值观、态度、信念等。其中，社会的价值观在文化中占据主导地位、发挥核心作用。

第三，文化具有潜在的教育力量。文化，尤其是存在于一个社会中的先进文化，在大部分情况下都会以一种无形的、潜在的力量影响着人们的思想和情感，并且这种影响是深刻的、广泛的、持久的。在这种先进文化的无形熏陶下，人们自觉不自觉地接受着社会所要求的各种规范，无意识地形成了社会所要求的价值观念、道德品质、行为方式等。这个无形过程及其良好效果，正是教育应该追求的。马克思主义认为，文化的价值是谋求"超出对人的自然存在直接需要的发展……发展不追求任何直接实践目的的人的能力和社会的潜力（艺术等科学）"[①]。

通过文化建设来提升人们的思想文化素质，满足人们的精神文化生活需要，要求人们充分发挥主观能动性。教育尤其是思想政治教育在这个过程中承担着重要角色，发挥着重要作用。从教育的本质来看，"教育过程实质上就是文化化人的过程，是将人类已经发展起来的先进文化成果转化为个体内在本质力量、促进人的精神生活全面发展的过程，是引导个体能够驾驭外部世界对个人才能的实际发展所起的推动作用的过程。"[②] 可见，教育的本质就是育人，就是对人们的心灵的"唤醒"。教育通过传承社会文化，实现人的社会化，进而反作用于一定的社会实践。

---

① 庄思晦. 文化价值与商品价值：再谈文化能否市场化 [J]. 哲学研究，1994（10）：11－18.
② 沈壮海. 思想政治教育的文化视野 [M]. 北京：人民出版社，2005：26.

第四，教育受到文化的巨大影响。事实表明，同一种教育方式，在不同的国家和地区或者在不同的组织当中与不同的文化背景相结合，就会产生完全不同的教育效果，甚至在具体的教育方法上也会形成不同的特点。这表明教育与文化之间存在着密不可分的联系，教育不可能离开文化而独立实施。也就是说，教育在本质上受到文化的广泛制约，教育因文化的不同而有所不同。因此，教育具有很强的文化性。

（二）思想政治工作的政治性与文化性

政治性和文化性是思想政治工作的两个根本属性。思想政治工作在发挥重要政治价值的同时，也发挥着巨大的文化价值。在人类历史上，德育与智育之间存在着密切的联系，两者作为独立性的存在，彼此间却无法分离。也就是说，人的智力不可能仅通过智育就可以得到提升，而人的道德也不可能仅通过德育就得到提升。人的智力和道德的提升，都离不开智育和德育的相互作用。中国古代思想中关于"诚"与"明"之间的关系，也清晰地说明了智育与德育之间的内在交融和共生。我国古代有"诗教""乐教""文以载道"等教化传统，这些都从不同角度反映和表达了"教化"对文化的倚重以及文化性与政治性的互动。

从思想政治工作的发展目标来看，思想政治工作的主要目标是提高人们的思想政治素质，实现人的全面发展。思想政治工作在提升人们思想政治素质的同时，也无形中提升了人们的科学文化素质。它既表现出政治的一面，又表现出文化的一面。正如列宁同志所说："政治教育务必要能提高文化水平。"[1] 这是人们对思想政治工作内在本性和客观规律的深刻把握。因此，"思想政治教育应该同时肩负文化目标与政治目标，同时兼用文化资源与政治资源，同时兼循文化逻辑与政治逻辑。"[2]

从思想政治工作的教育过程来看，思想政治工作教育人的过程，是人由"自然人"转变为"政治人"的过程，充分显示了思想政治工作的政治性特征。同时，思想政治工作教育人的过程，也是一个使人由"自然人"转变成"文化人"的过程，是一个"文化化人"的过程，充分显示了思想政治工作的文化性特征。需要注意的是，在这两个基本属性之中，思想政治工作的政治性更带有根本性，思想政治工作最终还是为社会政治目标服务的。也正因为政治性的存在，思想政治工作才与我们平时所说的智育、美育、德育等有着明显的差别。

（三）思想政治工作文化性的彰显

所谓"彰显"，是指突出显现，它是一种客观发生的静止状态。思想政治工作的文化彰显，是指思想政治工作的文化属性的突出显现，是思想政治工作在新的时代发展环境中表现出来的典型特征。

---

① 列宁. 列宁专题文集（论社会主义）［M］. 北京：人民出版社，2009：264.

② 沈壮海. 关注思想政治教育的文化性［J］. 思想理论教育，2008（2）：4—7.

文化性是思想政治工作的一种重要属性。思想政治工作的文化性，既体现在思想政治工作的整个系统中，也表现在思想政治工作系统的各个要素中。在不断发展过程中，思想政治工作的内容、方法、载体等越来越多地体现出文化方面的因素，并且这些文化因素在思想政治工作过程中表现得越来越明显。可以说，文化性作为思想政治工作的一种重要属性，其特点越来越突出，其作用越来越明显。

思想政治工作文化性的彰显，主要表现在思想政治工作对优秀民族文化的传承、对优秀外来文化的吸收、对多样文化的主导、对新文化的创造等方面。

因此，增强思想政治工作的文化性，不仅要从系统整体的层面努力，而且要从各个要素的层面努力，提高思想政治工作各相关要素的文化含量。

二、文化互动

思想政治工作和文化之间存在一定程度的互动，这种互动关系体现在思想政治工作和文化发展的整个过程之中，在两者的相互作用、相互影响中促进思想政治工作的改进创新和社会主义文化的发展繁荣。

（一）思想政治工作与文化的互动

所谓"互动"，就是指两个主体之间的相互影响、相互作用。思想政治工作与文化的互动，是指思想政治工作和文化相互影响、相互作用、相互协调、共同发展的过程，是思想政治工作和文化之间存在的一个动态的平衡状态。

思想政治工作与文化的互动，具体体现在两个方面：一是思想政治工作对文化的促进作用；二是文化对思想政治工作的促进作用。思想政治教育同文化有着不可分割的内在联系，一方面，一定社会的思想政治教育理论、内容以及人们所达到的思想政治素质，是该社会文化含量的重要组成部分，思想政治教育的发展，必将把该社会的文化含量推向新的水平；另一方面，一定的文化环境，又为思想政治教育的发展创造条件，离开了特定的文化环境，思想政治教育就失去了最主要的载体及特定支撑。

第一，思想政治工作对文化的促进作用。有人形象地拿风筝做比喻，将文化比作风筝，而将思想政治工作比作风筝的线。这样就不难理解，思想政治工作控制文化的发展方向，其内容决定着文化建设的指导思想和基本原则，发挥着基础性的政治保证作用。如果失去思想政治工作对文化建设的引导和配合，文化建设就会失去正确方向。

第二，文化对思想政治工作的促进作用。随着经济全球化的发展和不同文化之间的碰撞交融，各种文化对思想政治工作的影响越来越大。实践表明，思想政治工作欲获得成功，都必须依托本国内在的文化和传统。即使是对国外教育内容和教育方式的吸收和借鉴，也必须将其融于本国的文化环境和现实情况之中，才能切实发挥作用。因此，从客观上看，除社会制度不同和生产力水平不同之外，造成思想政治工作模式不同的根本原因在于各国文化的不同，在于各种文化类型的不同。无论是本国文化，还是外来文化，都可以而且必须为本国的思想政治工作服务，进而拓展思想政治工作的新领域，成为思想政治工作与现代经济社会发展相结合的有效形式，成为推动思想政治工作改革创新的有效途径和重要载体。

（二）思想政治工作与文化互动的实质

思想政治工作与文化的"双向互动"，实质上是一个"平衡发展"的问题。也就是说，思想政治工作与文化建设应保持同步发展、均衡发展、和谐发展，而不能一个发展得快一个发展得慢，更不能一个发展另一个不发展。如果思想政治工作和文化建设的发展失去同步性、均衡性，则会直接影响到思想政治工作和文化的融合效果。

当思想政治工作滞后于文化建设时，将思想政治工作的理念融入到文化建设当中，不仅不会促进社会主义文化的发展和繁荣，还有可能阻碍先进文化的发展。同样，当文化建设滞后于思想政治工作的发展时，将文化理念融入到思想政治工作的运行过程当中，也有可能产生负面效果，无法推动思想政治工作的改进和创新。因此，促进思想政治工作和文化建设的平衡发展，是双方自身发展的客观需要，也是促进彼此融合的客观要求。

当然，我们应该看到思想政治工作与文化相互促进的一面。当思想政治工作滞后于文化的发展时，将文化融入到思想政治工作过程之中，有利于推动思想政治工作的发展；当文化建设滞后于思想政治工作的发展时，将思想政治工作融入到文化建设之中，也有利于促进社会主义文化的发展和繁荣。在双向融合过程中，利用这些先进的方面带动落后方面的发展，是我们应该努力去做的。

思想政治工作和文化建设的双向融合，其本身就是一个相互制约、相互促进的过程，存在着一个自我调节、保持一致的自觉机制。它们在相互交融的过程中，不断地调整自己，以适应对方的需要，从而促进双方的协调发展。因此，在推动思想政治工作和文化建设的发展过程中，我们应该尊重思想政治工作和文化建设的协调发展规律，而不能一味地强调一方面而忽略了另一方面。

三、文化融入

对思想政治工作的文化融入的理解，首先需要我们正确认识和区分融入与融合的概念，并且对思想政治工作文化融入与"融合教育"有一个清醒的认识。在此基础上，从活动的层面、过程的层面、理念和精神的层面正确认识文化融入。

（一）融入与融合的概念

从词性上来说，融入作为一个动词使用；而融合更多地作为一个名词使用。从主体的角度来看，所谓"融入"，是指一个事物进入另一个事物之中，成为另一个事物的一部分或者分散在另一个事物之中。所谓"融合",是指"几种不同的事物合成一体"①,体现在心理、情感、结构、行为等方面的融合。也有学者从群体关系维持的角度指出了"融合"的含义,认为融合是使成员留在他们所在的群体中的力量,或所有使得群体成员留在群体中的力量的结果。

融合与融入具有许多不同点。第一,主体地位不同。相互融合的两个主体地位相同,两者并重;而融入的两个主体地位不同,有主有次。在思想政治工作与文化的相互融合过程中,思想政治工作与文化的地位相同,思想政治工作和文化在整个过程中的重要性一样;而在思想政治工作的文化融入过程中,思想政治工作具有更大的重要性,在这个融入过程中,文化作为一个要素、一种环境渗透到思想政治工作的系统之中。第二,交融后的结果不同。两个不同的事物,在相互融合之后,产生的可能是另外的新事物,具有区别于原来事物的新特征,可以用公式"A+B=C"来表示,比如宽带通信网、数字电视网、下一代互联网的"三网融合"。当思想政治工作与文化融合之后,可能也会产生新的事物,形成新的思想政治工作文化学等交叉学科理论。在这个理论中,思想政治工作所占的内容多一些,还是文化的内容多一些,我们现在无法考量。而将一个事物融入到另一个事物之中,只会增强另一个事物,不会改变另一个事物的根本属性。当文化融入到思想政治工作当中时,只是在一定程度上丰富了思想政治工作的内容和方法,改善了思想政治工作的环境,而没有从根本上改变思想政治工作的性质,更没有产生新的理论甚至新的学科。

融合或融入作为一个单独的概念,必须与一定的具体事物相结合,才能体现出其具体的特征和功能。例如社会融合、文化融合、交流融合等。文化融合是当今社会发展的一个典型特征。世界上的各种文化丰富多彩,并能够相互兼容。任何一个国家和民族的文化,首先来自本民族的传统文化,同时也吸收着世界各国的优秀文化,是一元与多元文化的兼容。文化的融合过程是吸收各种文明的优点和长处,它需要一个相当长的过程。文化所处的环境变化越大,文化融合的速度也就越快。

(二)"融合教育"的产生和发展

在早期,"融合教育"主要应用在儿童特殊教育领域,是指让弱听、弱视等儿童进入到普通的小学,与普通学生一起接受同等的教育。"融合教育"实质上就是实现普通教育与特殊教育的融合,主要目的是要提高学生的素质,促进学生的健康成长和全面发展。通过实施"融合教育",使弱听、弱视等儿童处在普通学生的生活、学习环境之中,营造了良好的交流沟通的环境,增强了儿童的自信心,极大地促进了他们的健康成长。"融合"的概念逐渐进入到其他领域,成为一个重要的教育理念,同样也广泛应用在了思想政治领域和文化领域,充分体现出了人本思想。

① 中国社会科学院语言研究所词典编辑室. 现代汉语词典 第6版〔M〕. 北京:商务印书馆,2012:1101.

因此，实现教育的融合，就是强调将人们的个体成长与其他人的关系以及社会环境联系起来，实施情感与认知相结合的教育方式，促进人、社会与自然的和谐，在个人与社会、自然的相互结合中推动教育效果的实现。它具有以下特点：一是强调人、自然、社会的协调发展；二是融合中具有强烈的文化性。

（三）思想政治工作的融入与融合

从系统角度来分析，思想政治工作和文化作为社会的两项重要的实践活动，具有共同性，也有差异性。思想政治工作系统与文化系统是两个相交的圆，它们之间既有彼此渗透影响的共同部分，又有本质不同的独特之处。这种共同性为思想政治工作与文化的融合提供了前提，它们的独特性又为促进两者融合、发挥各自长处并相互借鉴、取长补短奠定了基础。

思想政治工作与文化不存在相互排斥，也不存在相互代替。在建设中国特色社会主义过程中，应实现两者之间的有机结合，促进两者的融合与互补。我们应该"更加自觉地把思想政治工作与文化建设融合起来"①，将思想政治工作融入到社会主义文化建设之中，为文化建设保证方向、提供动力，促进社会主义文化的大发展大繁荣；将文化建设渗透到思想政治工作的全过程，增强思想政治工作的文化性，实现春风化雨、润物无声，促进思想政治工作的改革创新。

思想政治工作与文化的融合具体体现在两个方面：一方面，是指将思想政治工作融入到文化的发展之中，融入到文化建设当中。在这里，文化建设是主体，思想政治工作作为一个元素、一种理念的形式被纳入到文化建设的范畴之中。其目的是通过发挥思想政治工作在文化建设中的动力和保证作用，更好地促进社会主义文化建设的大发展大繁荣。另一方面，是指将文化融入到思想政治工作的发展过程当中。在这里，思想政治工作是主体，而文化是作为社会的一个元素、一种理念或者一种环境等形式被纳入到思想政治工作的范畴之中。其目的是通过发挥文化在思想政治工作过程中的熏陶感染作用，进一步增强思想政治工作的实效性，提高思想政治工作的科学化水平。

思想政治工作的文化融入，是思想政治工作与文化融合中的一个方面，主要是指将文化融入到思想政治工作之中的发展过程。思想政治工作的文化融入，其主体是思想政治工作，其目的也是为了增强思想政治工作的实效性。在这个过程中，文化作为一种元素、一种载体、一种理念的形式而存在，是将文化通过各种形式纳入到思想政治工作的方方面面，进而提高思想政治工作的文化含量，增强思想政治工作的实效性。

（四）思想政治工作文化融入的体现

思想政治工作的文化融入，是一项社会实践活动，也是一个发展过程，更体现为一种

---

① 张蔚萍. 新世纪的思想政治工作［M］. 北京：中共中央党校出版社，2008：125.

理念和精神。

第一，思想政治工作的文化融入，是一种活动。所谓活动，主要是指人的活动，是人的生存和发展的主要方式。在马克思主义看来，"活动是人的存在和发展的方式，是作为主体的人在自身需要的推动下与相互联系的客体发生相互作用，并实现与客体双向对象化的过程。"① 思想政治工作不仅是一门学科，而且是一项社会实践活动，是人类的一项重要的主体性活动，具有很强的实践性。思想政治工作的文化融入作为思想政治工作发展的一个重要方面，同样也是思想政治工作实践的重要体现，是人们在从事思想政治工作时的一项重要的社会实践活动。

第二，思想政治工作的文化融入，是一个过程。将文化理念融入思想政治工作的运行之中，是一个渐进的过程，不可能一蹴而就。思想政治工作的文化融入的过程，就是将事物中的文化因素或者文化本身渗透进思想政治工作的理论研究和工作实践的发展过程。

从目前来看，思想政治工作的文化融入还处在起步阶段，我们在思想政治工作的文化载体、文化活动形式等方面已经做出了巨大的努力，并取得了良好的成绩，促进了思想政治工作文化含量的提高。这些都是我们在促进思想政治工作文化融入中取得的宝贵经验，也是在提高思想政治工作科学化水平过程中的有效措施，需要我们进一步坚持和改进。但是，思想政治工作的文化融入在其他方面仍有不足之处，例如思想政治工作的文化理念、思想政治工作的文化理论、思想政治工作文化融入的推进策略和推进模式等，这些方面都需要我们在推进思想政治工作发展过程中进一步探索和总结。

第三，思想政治工作的文化融入，更多地体现为一种理念和精神。思想政治工作的文化融入，不仅是一种活动，一个过程，而且是一种理念和精神，体现在思想政治工作发展的整个过程之中。文化在思想政治工作中的存在形式更多地体现为一种理念，一种精神，有效地促进思想政治工作文化含量的提高。树立思想政治工作的文化融入理念，应该将文化理念和文化精神融入到整个思想政治工作的发展过程之中，体现在思想政治工作的方方面面。文化不是作为思想政治工作的单独的一部分存在，而是与思想政治工作交融在一起，作为一种理念体现在思想政治工作的运行、发展的全过程之中。

---

① 张耀灿，等. 思想政治教育学前沿 ［M］. 北京：人民出版社，2006：330.

第三章　思想文化融入的实现路径

第一节　坚持文化融入的理念原则

文化融入理念正确地反映了思想政治工作的本质和时代特征，科学地指明了思想政治工作的发展方向，是思想政治工作必须遵循的基本理念。可以说，将文化融入思想政治工作的发展主线当中，融入思想政治工作的整个运行过程当中，是思想政治工作在新时代的必然要求。这反映了思想政治工作发展理念的转变，也是增强新时期思想政治工作的实效性，提高思想政治工作科学化水平的重要举措。

一、树立文化融入的基本理念

树立思想政治工作文化融入的基本理念，应明晰文化融入的目的，了解文化融入的程度，明确文化融入的产物，树立文化融入的理念，并找准文化融入的切入点。

（一）文化融入的目的

在建设社会主义文化强国的语境下，"文化融入"已成为推动思想政治工作改革创新的重要理念。文化融入，实质上是一种"以人为中心"的教育理念，是一种坚持"以人为本"的思想政治工作精神。文化融入，是建立在人们的"求知本性"和"自由本性"的基础上的，它通过人们的自我学习、自我努力、自我创造和自我实现，最终提高人们的积极性、主动性、自觉性和创造性。这是文化融入的目的和归宿。

提高人们的积极性、主动性、自觉性和创造性，生动地体现在思想政治工作的具体实践中。推动思想政治工作的文化融入，就是要促进人们在学习上、生活上、内心上能够与本国、本地的政治思想、价值观念、风土人情、风俗习惯等融合起来，促进人、社会、政治、文化以及环境等之间的融洽与和谐，从而为发挥思想政治工作的文化作用和文化的思想政治工作作用奠定基础。

（二）文化融入的程度

文化融入度是指社会文化在思想政治工作的运行环境中，能够在多大程度上被思想政治工作者和工作对象所接受。文化融入度一方面反映了文化试图让思想政治工作者和工作对象接受的努力程度；另一方面反映了思想政治工作者和工作对象对这些文化是否接受，或者接受的程度如何。因此，对文化融入度的考察，有利于对文化的作用以及对文化在思想政治工作中的影响力做出全面客观的评价。

对思想政治工作的文化融入度进行有效考察，需要我们从各个维度上将思想政治工作和文化的结合情况以量化的形式表现出来，对思想政治工作的文化融入整体以及细化指标有一个较为全面的认识。

文化要全面地融入思想政治工作的方方面面，还是融入思想政治工作的一部分元素之中？文化是将其全部内容作为融入的对象，还是只将其中的一部分作为融入对象？在文化融入的过程中，融入的程度究竟如何，融合的进度又如何？这些问题都是人们在研究文化融入过程中需要解决的，而决定这些问题的标准不是文化融入度的理论本身，而是经济社会发展状况以及时代发展的特征和要求。

（三）文化融入的产物

从融入的基本过程上来看，融入在一定程度上都会意味着事物性质的改变，都会意味着另一种新的事物或者原有事物的一种新的属性的产生。

思想政治工作的文化融入，其目的是为了使它们的功能和作用得到有效的发挥，进而对社会做出更大的贡献，并不能因此就忽视了思想政治工作和文化的独立性。思想政治工作和文化作为两种不同的社会活动是相互独立存在的，并不可能相互替代，更不可能完全融合。实现思想政治工作的文化融入，并不会导致文化的消失或者文化功能的减退，甚至在一定意义上说反而会增强文化的功能。

推动思想政治工作的文化融入，是在扩大思想政治工作和文化的共同面的基础上，借助文化的优势和文化建设的有益经验和方法，推动思想政治工作的改革和创新。这个过程也在客观上通过发挥思想政治工作的功能推动了社会主义文化建设。

推动思想政治工作的文化融入，当然会使思想政治工作增加一些新的性质和特点，进而形成一个新的思想政治工作系统工程，这个系统既不同于社会主义文化建设的单项构建，也不同于思想政治工作的单项实施，而是思想政治工作和文化在相互作用中形成了一个新的系统。尽管如此，它并没有改变思想政治工作的根本属性，只是在一定程度上丰富和发展了思想政治工作的内涵。

（四）文化融入的意识

思想政治工作的文化融入并不是一朝一夕就能完成的，它需要人们经过长期的努力才能实现。因此，应高度重视思想政治工作的文化融入在经济社会发展和社会主义优秀人才培养中的重要作用，将其作为推动思想政治工作改进创新的一项重要任务，树立系统的、长期的文化融入理念，统筹规划、协调运行。

增强思想政治工作文化融入的意识，要求人们在思想政治工作和文化之间创造更好的联系。重视思想政治工作和文化之间的整合和融会贯通，并且应避免将思想政治工作和文化简单地进行配置，也不能采取简单地"配比"比例的方法，而是要求思想政治工作和文化的均衡与整合，进而能够同时提高人们的思想道德素养和科学文化素养。

增强思想政治工作文化融入的意识，要求人们树立整合意识和渗透意识。一是应注意防止思想政治工作和文化仅仅限于形式上的操作，从而避免缺乏一定的理念性和思想性。二是应注意防止思想政治工作完全游离于经济社会发展之外，思想政治工作和文化应贯穿于经济社会发展的各个领域和各个环节，从而避免因缺乏文化而失去一定的氛围陶冶和情感激励。三是应注意防止一种倾向掩盖另一种倾向，即防止在强调文化时忽视或淡化思想政治工作，也防止在重视和加强思想政治工作时弱化甚至摒弃社会主义文化。

增强思想政治工作文化融入的意识，要求人们自觉地学习和借鉴人类在发展文化方面的成功经验。向人类文明学习，要求我们努力汲取中国传统优秀文化和借鉴国外文化发展的优秀成果，充分利用中国特色社会主义文化的先进优势，以此来丰富和发展思想政治工作的内容和方法。在这种相互借鉴、相互促进中，努力实现思想政治工作文化融入的有效推进，使思想政治工作和文化相互促进、相得益彰、交相辉映。

（五）文化融入的切入点

将文化融入到思想政治工作的运行当中，一定要努力探索思想政治工作文化融入的切入点，从而使两者互相影响、互相渗透、互相促进。比如通过加大环境建设、园林绿化、小区美化亮化等来建设优美的工作和生活环境。又如通过建设文化长廊、宣传先进典型等来使人们接受到更多的信息，从而为思想政治工作注入新的生机和活力。

第一，应找准文化融入的定位，将工作的着力点放在基层。在基层党组织中寻找思想政治工作和文化相结合的着力点，有利于使思想政治工作和文化工作渗透在基层、活动在基层、作用在基层，以确保各项工作、各项任务的有效完成。如果思想政治工作和文化能够深入到基层、深入到每一个群众当中，就能够最大限度地发挥广大群众的积极性、主动性和创造性。我们应高度重视基层的思想政治工作和文化工作，坚持围绕中国共产党的中心任务，将促进经济社会全面发展、推动经济社会改革创新、提高经济效益和社会效益作为思想政治工作和文化工作的出发点、切入点和落脚点，从而进一步增强思想政治工作文化融入的主动性、针对性和实效性。

第二，应注意区分文化融入的结构和层次。文化的内容包括物质文化、行为文化、制度文化和精神文化等四个方面或四个层次。人们可以分别从这四个层次的文化出发，寻找思想政治工作和文化在内容原则、方法载体、制度机制等方面的有效结合点。

一是实现物质文化层面上的融入。物质文化都是附着在一定的看得见、摸得着的客观事物上的，这些具有一定文化元素的客观事物可以成为思想政治工作的有效载体。我们可以通过美化外界环境，建立富有文化内涵和精神教育价值的建筑物、展览物，采用广告、服务、现场体验等方式，增强人们对社会主义思想文化和价值观念的认同，进而有效地增强物质文化的辐射力和穿透力。

二是实现行为文化层面上的融入。行为文化具体表现为人们的一定的社会行为。行为文化对社会组织以及社会成员的价值取向、行为取向等都能起到一定的导向作用，进而能够使组织和个人的行为符合一定的社会发展要求和社会发展目标，因而对人们的思想政治工作行为也具有很强的引导作用。在这方面，我们可以结合社会发展实际和社会的政治要求确定行为文化的价值导向、增强行为文化的针对性，进而成为约束和规范思想政治工作行为的有效手段。

三是实现制度文化层面上的融入。制度文化以一定社会的政治制度、社会政策、社会规范等形式表现出来，是对人们的社会行为的"硬性"约束。这种制度文化带有一定的价值导向性，可以与思想政治工作的制度机制有效结合起来。换个角度说，思想政治工作的制度机制也可以被看作是社会制度的一部分。在这方面，我们可以通过进一步建立和完善社会价值规范和道德规范，优化社会运行的制度机制来增强社会对人们的价值观念的引导以及对社会日常行为的规范和约束，进而为思想政治工作的文化融入提供良好的制度环境。

四是实现精神文化层面上的融入。精神文化主要表现为社会的思想观念和精神理念，是社会主流意识形态的集中体现。精神文化直接代表着社会的政治价值和思想意识，其本身的内容就是思想政治工作的一部分。例如：中国特色社会主义理论体系、社会主义核心价值体系和社会主义核心价值观、中国特色社会主义文化等都是社会主义精神文明的重要内容，同时也是思想政治工作的根本内容。在这方面，我们可以将精神文化的主要内容直接纳入到思想政治工作的内容当中，对广大群众直接进行精神文化方面的教育。

二、确立文化融入的主要原则

在树立文化融入基本理念的基础上，我们还应确立起思想政治工作文化融入的基本原则。这些文化融入的基本原则包括方向性原则、系统性原则、主体性原则、创新性原则、相互补充渗透原则等。

（一）方向性原则

思想政治工作和社会主义文化建设的目标都是为了能够全面提高人们的思想道德素质和文化素质，进而培养和造就中国特色社会主义事业的建设者和接班人，为全面建设社会主义现代化国家和实现中国梦做出贡献。促进思想政治工作的文化融入，应坚持正确的文化融入导向，始终坚持为人民服务、为社会主义服务的正确方向。正如邓小平多次强调的，我们应坚持"为人民服务、为社会主义服务"的方向，创作出更多的能够振奋人民的革命精神，推动他们勇敢献身于祖国各个领域的建设和斗争，具有强大鼓舞力量的作品。

第一，坚持为人民服务的发展方向。推动思想政治工作的文化融入，应通过思想政治工作和文化建设的特有形态和有效途径为广大群众服务，也就是采用文化知识教育和科技知识普及等方式逐步提高人们的思想道德素质和科学文化素质，为促进社会生产力的发展提供强大的精神动力和智力支持。在推动思想政治工作文化融入的过程中坚持为人民服务，必须通过精神激励、舆论引导等方式营造良好的文化氛围，保证社会主义沿着全面、协调、可持续的方向发展；通过不断地创造新的精神文化产品满足人们的不断增长的精神文化需求，进而丰富人的精神世界、增强人的精神力量、实现人的全面发展。

第二，坚持为社会主义服务的发展方向。思想政治工作和社会主义文化建设都具有极强的意识形态性。加强思想政治工作和文化建设都应始终坚持社会主义的正确方向，推动思想政治工作的文化融入更应坚持社会主义的发展方向，这对促进思想政治工作和文化建设的发展都具有重要的意义。在推动思想政治工作文化融入的过程中坚持社会主义方向，必须始终坚持以科学发展观为指导，加强社会主义核心价值体系的建设和社会主义核心价值观的培育，坚持解放思想、实事求是、与时俱进、求真务实，坚持唱响主旋律、提倡多样化，在坚持社会主义的发展方向中推动社会主义文化的大发展大繁荣，推动思想政治工作的改革和创新。

（二）系统性原则

从系统论的角度看，思想政治工作和文化是两个独立的系统。但从社会大系统的角度看，思想政治工作和文化也可以被看作是一个系统中的两个不同元素。思想政治工作和文化的性质和功能决定了它们之间是相互贯通、高度一致的。推动思想政治工作的文化融入，就是要促进思想政治工作和文化的系统融入，实现文化在思想政治工作中的整体融入以及系统中的不同元素之间的融合，发挥思想政治工作和文化的整体功能。

推动思想政治工作的文化融入，应注重思想政治工作和文化的协调发展，对思想政治工作和文化的发展有一个全面、系统、长远的考虑，不能厚此薄彼，更不能重视一个而忽视了另一个；应充分认识到思想政治工作对文化建设的重要性和文化对思想政治工作的重要性，认识到思想政治工作和文化是一个有机的不可分割的整体，忽视了哪一个另一个都不能良好地发展。因此，在推动思想政治工作文化融入的过程中，一定要坚持整体推进、同步推进，要注重资源整合、科学规划、统筹安排，真正做到思想政治工作和文化以及系统中的各个元素的科学发展、协调发展、可持续发展。

（三）主体性原则

推动思想政治工作的文化融入，必须坚持主体性原则，树立主体性意识，增强广大人民群众在推动文化融入中的积极能动性和主观创造性，推动思想政治工作文化融入良好效果的实现。我们的文化是人民的文化，文化工作者必须有为人民服务的高度的热忱，必须联系群众，而不要脱离群众。要联系群众，就要按照群众的需要和自愿。一切为群众的工作都要从群众的需要出发，而不是从任何良好的个人愿望出发。因此，做好群众的思想文化教育工作，应该坚持两条原则：一条是群众的实际需要，而不是我们脑子里幻想出来的需要；另一条是群众的自愿，由群众自己下决心，而不是由我们代替群众下决心。

在推动思想政治工作的文化融入过程中坚持主体性原则，就是要坚持以人为本，增强广大群众的主体性意识。坚持以人为本就是坚持广大群众在实践活动中的主体地位。一是充分发挥广大群众在推动文化融入中的积极主动性，通过大力推进思想政治工作和社会主义文化建设提高人的思想政治素质和科学文化素质，把促进人的成才与成长作为工作的出发点和落脚点，把培养社会主义的合格人才作为工作的根本任务，把实现人的全面发展作为工作的根本目标。二是充分调动起广大人民群众的参与热情，充分唤醒和切实增强人的主体意识，发挥人民群众在推进思想政治工作文化融入中的主导性作用和决定性作用。三是强化自我意识，使广大群众能够自觉地、主动地认识自我、提升自我，将个人努力塑造成具有优秀品质和良好素质的社会主义公民。

（四）创新性原则

时代性和创新性是当今社会发展的最突出特点。现代社会的发展节奏越来越快，人们的生活方式、思维方式和思想观念都已经发生或者正在发生前所未有的变化。紧跟时代步伐、坚持与时俱进、推动改革创新已经成为时代发展的最强音。推动思想政治工作和社会主义文化建设，也必须紧跟当代中国改革发展的时代潮流，必须紧跟当今世界的发展潮流。思想政治工作文化融入的提出，本身就是时代发展的客观要求和时代创新的生动体现，也是思想政治工作和文化建设的创新发展的重要趋势。

推动思想政治工作的文化融入，应坚持与时代发展保持同步的原则，紧跟时代发展的步伐，超前或者落后都不利于思想政治工作和文化建设的作用的发挥。因此，我们应在推动思想政治工作和文化建设共同发展的具体实践中，把握时代特点、紧握时代脉搏、关注发展热点、关切群众诉求，推动思想政治工作和文化的融合创新。这种融合创新体现在多个层次和方面，包括内容的创新、方法的创新、载体的创新等。

（五）相互补充渗透原则

在努力实现思想政治工作文化融入的过程中，我们应看到思想政治工作和文化的相互独立性，并善于发现两者在内容上的各自优势，坚持相互补充、相互渗透的原则，取长补短、相得益彰。文化是思想政治工作渗透到社会生产和经营管理工作中的有效途径和重要载体，可以有效地提高思想政治工作的针对性、时代感和实效性。同时，思想政治工作也可以借助于自身的重要资源优势，推动社会主义文化建设及其他一切工作的顺利开展。因此，我们在实际工作中不能搞没有政治生命力的文化，更不能搞空洞的教条式的思想政治工作。社会主义文化建设应广泛吸收思想政治工作中的政治性、思想性的内容。思想政治工作也应积极吸收文化建设中的主体性内容，借鉴文化建设中的优化社会环境、营造良好氛围、坚持寓教于乐等方式方法。

推动思想政治工作的文化融入，还应增强思想政治工作的自觉性。思想政治工作具有很强的意识形态性，在社会发展过程中必须始终保持正确的政治方向，必须为政治服务、为党的中心工作服务。同时，思想政治工作一定要结合实际工作进行，一定要融入社会实践的方方面面。但这并不是说思想政治工作是附属品，更不能否定思想政治工作的独立性。思想政治工作要想有效地促进社会全面进步和人的全面发展，必须保持一定的相对独立性，实现思想政治工作的自觉。也就是说，思想政治工作应对社会发展和人的发展以及思想政治教育本身保持"批判性"审视，对有益于人的发展和社会发展的现象大力宣传推广，同时对可能有损人的发展和社会发展的现象进行研究、批判和反思。

第二节　丰富文化融入的内容

内容上的融入是思想政治工作文化融入的核心。文化内容的科学、合理与否，直接影响到思想政治工作的文化融入效果，影响到思想政治工作的实效性。在确定思想政治工作文化融入的内容时，需要有一个明确的主线和方向，这个主线和方向是以先进的、正确的教育理念、文化理念和融入理念为前提的。思想政治工作的内容包括理论教育、路线方针政策教育、共产主义远大理想和中国特色社会主义共同理想的教育、世界观人生观价值观教育、爱国主义集体主义社会主义教育等系统的思想政治工作以及形势任务教育、国家法律法规教育等日常的思想政治工作。推动文化在内容上融入思想政治工作，就是将各种物质文化、制度文化、精神文化等融入思想政治工作的系统教育和日常教育的整个过程之中，通过强有力的思想政治工作促进人们提高政治素质、文化素质、业务素质和技能，提高思想政治觉悟、文化修养和文化品位。

一、坚持以中国特色社会主义为核心内容

在建设中国特色社会主义的不断探索中，中国共产党开创了中国特色社会主义道路，形成了中国特色社会主义理论体系，完善了中国特色社会主义制度。这是中国共产党在革命、建设和改革过程中创造的根本成就，要求我们必须倍加珍惜、始终坚持。在这三者中，中国特色社会主义道路是实现途径，中国特色社会主义理论体系是行动指南，中国特色社会主义制度是根本保障，三者统一于中国特色社会主义伟大实践，这是党领导人民在建设社会主义长期实践中形成的最鲜明特色。

（一）加强习近平新时代中国特色社会主义思想教育

坚持和发展中国特色社会主义，是习近平新时代中国特色社会主义思想的核心要义。习近平新时代中国特色社会主义思想总结党百年奋斗的历史经验，凝聚和彰显中华优秀传统文化蕴含的深厚智慧，创造性地续写了中国特色社会主义这篇"大文章"，展现出鲜明的精神特质。思想政治工作和文化建设作为中国特色社会主义事业的一部分，作为新时期

社会主义的意识形态工作，也必须始终坚持以习近平新时代中国特色社会主义思想为指导，并将习近平新时代中国特色社会主义思想作为思想政治工作和社会主义文化建设的核心内容。

1. 始终坚持"两个结合"

马克思主义认为，物质决定意识，认识源于实践。理论一旦离开实践，就会成为空谈。马克思主义是革命的理论、实践的理论，只有与中国具体实际相结合，其丰富发展才有源头活水，指导实践才能有的放矢，才能将武器的批判转化为改造世界的物质力量。习近平新时代中国特色社会主义思想立足中国实际，深刻把握社会主要矛盾，深刻洞察历史发展规律，指引中国特色社会主义进入新时代，推动党和国家事业发展取得历史性成就、发生历史性变革，充分展现出独特的理论魅力和强大的实践伟力。"万物有所生，而独知守其根。"中华优秀传统文化是中国共产党治国理政的重要思想文化资源，是中国特色社会主义根深叶茂的文化沃土。中国共产党领导人民进行革命、建设、改革，不应该也不可能割断与中国历史的联系、脱离中国历史文化的土壤。习近平新时代中国特色社会主义思想坚持以历史唯物主义的思想之镜瞻望大时代，传承和发扬民惟邦本、自强不息、革故鼎新、格物致知、兼济天下、和而不同等中国智慧，科学回答和阐述了中国特色社会主义的价值取向和发展动力，是对马克思主义唯物史观的创造性运用。"两个结合"深刻总结了我们党百年来思想建党、理论强党的历史经验，巩固和扩大了马克思主义中国化时代化的实践基础、文化基础、历史基础和群众基础，是习近平新时代中国特色社会主义思想超越其他理论的本质特征。

2. 科学回答"四个之问"

问题是时代之声，实践是理论之源。任何国家和民族要实现国家富强和民族振兴，必须在历史长河的演进中找准自身方位，在时代更迭的潮流中把握全局大势，在实践发展的逻辑中深化规律认识。习近平新时代中国特色社会主义思想，致力于为中国人民谋幸福、为中华民族谋复兴，致力于为人类谋进步、为世界谋大同，以世界眼光和天下情怀关注人类前途命运，以马克思主义之"矢"射新时代中国之"的"，对中国之问、世界之问、人民之问、时代之问作出深邃思考和科学回答。

理论来源于实践，又用来指导实践，在两者的良性互动中，理论不断实现新的升华。习近平新时代中国特色社会主义思想以全新的视野深化了对共产党执政规律、社会主义建设规律、人类社会发展规律的认识，闪耀着马克思主义的真理光辉，为新时代建设更加强大的长期执政的中国共产党、全面建成社会主义现代化强国、推动人类社会发展进步提供了强大的思想武器和行动指南，充分体现出鲜明的问题导向、实践导向、价值导向。

3. 始终做到"六个坚持"

恩格斯说："马克思的整个世界观不是教义，而是方法。它提供的不是现成的教条，而是进一步研究的出发点和供这种研究使用的方法。"掌握和坚持马克思主义，最根本的是坚持和运用其立场、观点、方法研究解决实际问题，把坚持马克思主义和发展马克思主义统一起来，结合新的实践不断作出新的理论创造。坚持人民至上、坚持自信自立、坚持守正创新、坚持问题导向、坚持系统观念、坚持胸怀天下，蕴含着马克思主义人类解放的根本价值追求、独立自主的精神风貌、具体问题具体分析的活的灵魂、唯物辩证法的根本方法论、求真务实的实践观点、全球视野的人类关怀，清晰揭示出理论创新的原则方向、价值取向、立足基点、思想路径，为马克思主义的持续丰富发展提供了一整套有机统一的思维方式和科学方法。学懂、弄通、做实习近平新时代中国特色社会主义思想，既要"知其然"，又要"知其所以然"，更要"知其所以必然"，深刻领会并把握这一重要思想的世界观和方法论，坚持好、运用好贯穿其中的立场观点方法，自觉以其武装头脑、指导实践、推动工作。

（二）加强中国特色社会主义道路坚定性教育

增强中国特色社会主义道路的坚定性，应充分认识中国特色社会主义道路的内容和重大意义，不断增强中国特色社会主义的道路自信。

1. 充分认识中国特色社会主义道路的内涵和意义

中国特色社会主义道路是中国共产党带领全国各族人民共同团结奋斗的结果，其中凝结了无数中国共产党人的智慧和心血。实践证明，坚持走中国特色社会主义道路是党和人民的历史抉择。中国特色社会主义道路是建设中国特色社会主义、实现社会主义现代化、实现中华民族伟大复兴的必由之路，是引领和推动当代中国发展进步的科学之路。全面建成小康社会，加快推进社会主义现代化，实现中华民族伟大复兴，必须坚定不移走中国特色社会主义道路。

中国特色社会主义道路，就是在中国共产党领导下，坚持改革开放，解放和发展社会生产力，建设社会主义市场经济、社会主义民主政治、社会主义先进文化、社会主义和谐社会、社会主义生态文明，促进人的全面发展，逐步实现全体人民共同富裕，建设富强民主文明和谐的社会主义现代化国家。

2. 不断增强中国特色社会主义的道路自信

道路自信反映了广大群众对中国特色社会主义道路的正确性、实效性的认识，能够促进人们对未来的发展前景充满信心。改革开放以来的实践证明，中国特色社会主义道路符合我国基本国情和时代发展需要，符合经济社会发展和人民群众诉求，是一条能够实现国家繁荣昌盛和人民幸福安康的正确道路。只有中国特色社会主义道路才能够发展中国，没有其他的道路可以选择，也没有其他的道路可以取代。我们应该坚定这样的道路自信。

坚定中国特色社会主义的道路自信，要求我们在道路问题上既不能妄自菲薄，又不能妄自尊大；既不能走封闭僵化的老路，又不能走改旗易帜的邪路。封闭僵化、改旗易帜，都意味着对社会主义的否定，这从根本上会动摇我国社会主义的立国之本和社会主义现代化建设的根基。如果我们放弃了改革开放，就等于放弃了中国特色社会主义道路，这只会让我们走上封闭僵化的老路，社会就会失去生机和活力，甚至出现停滞或倒退。如果我们盲目地照搬照抄其他国家的制度体制，就等于放弃了社会主义，只能使我们走上改旗易帜的邪路，最终将会导致经济停滞、民生凋敝、社会动荡等严重后果。

（三）加强中国特色社会主义制度优越性教育

任何一个社会都以一定的社会制度为基础，建立起具有一定优越性的制度是所有社会的共同追求。中国共产党在100多年的发展历程中取得了中国特色社会主义伟大成就的同时，也逐步建立和完善了中国特色社会主义制度。中国特色社会主义制度的建立，标志着人类制度文明的又一个先进形态的出现。

中国特色社会主义制度的产生和发展，是历史发展的选择，也是中国人民的共同选择。它充分体现了"社会主义"与"中国特色"的相互结合，是一套建立在中国基本国情基础之上、把科学社会主义的基本原则与中国当代实际结合起来的、独特的制度体系。中国特色社会主义制度坚持了科学社会主义的基本原理，符合中国发展的基本国情，促进了中国特色社会主义事业的良好发展，因而具有无比的优越性。

中国特色社会主义制度包含广泛的内容，不仅包括根本政治制度，而且包括基本的政治、经济制度，还包括一系列的经济、政治、文化、社会、生态等体制机制。这一系列的制度、体制和机制共同构成了中国特色社会主义制度。在社会主义现代化建设过程中，中国特色社会主义制度体现出了强大的生命力、无限的活力和高度的凝聚力。它有利于保持党和国家活力、调动广大人民群众和社会各方面的积极性、主动性、创造性，有利于解放和发展社会生产力、推动经济社会全面发展，有利于维护和促进社会公平正义、实现全体人民共同富裕，有利于集中力量办大事、有效应对前进道路上的各种风险挑战，有利于维护民族团结、社会稳定、国家统一。

中国特色社会主义制度的优越性，还体现在中国特色社会主义制度的自我发展和自我完善方面。任何一种社会制度，只有与社会实践相结合、与时代发展相结合，才能发挥出自身的强大生命力。中国特色社会主义制度具有这方面的优势，它始终坚持与中国国情相结合，与时代发展相适应，并随着改革开放的不断深入和时代条件的不断更新而调整自己、发展自己、完善自己。中国特色社会主义制度的自我发展和完善，一方面应遵循中国特色社会主义制度的自我发展规律，另一方面也对我们的工作提出了一些具体要求。发展和完善中国特色社会主义制度，要求我们一方面树立制度创新的思维和理念，区分对待处在不同层次上的制度机制，另一方面保持开放的心态，积极借鉴人类文明的一切优秀成果，博采众长、为我所用，通过一系列的具体措施提高中国特色社会主义制度的适应性和时代性，在社会实践中进一步完善各种具体的制度机制，进一步丰富中国特色社会主义制度的内容。

二、以社会主义核心价值体系和社会主义核心价值观为导向

价值观念或价值体系是社会文化的核心内容。任何一个国家、一个社会都有自己的核心价值体系，并在经济社会发展中居于核心地位、发挥核心作用。社会主义核心价值体系及其包含着的社会主义核心价值观，是社会主义文化的核心内容，决定着社会主义文化的性质和方向。社会主义核心价值体系的建立，有利于巩固马克思主义在我国思想文化领域的指导地位，用社会主义核心价值体系引领多样化的社会思潮，有效抵制各种错误思想的侵蚀；有利于形成全社会的共同思想基础，及时应对改革开放和社会主义市场经济带来的思想观念的独立性、差异性和多变性等新特征；有利于中国共产党团结和带领全国各族人民共同努力进步，共同为建设中国特色社会主义和实现中华民族伟大复兴努力奋斗。

（一）加强社会主义核心价值体系的学习教育

社会主义核心价值体系是中国共产党团结带领全国各族人民团结奋斗的一面精神旗帜，是党引领社会思潮、凝聚社会共识的重要武器。在社会主义核心价值体系的学习和教育过程中，中国共产党应始终居于主导地位、发挥主导作用。加强社会主义核心价值体系的学习和教育，可以分为三个阶段：第一阶段是获得人们的理解和认同；第二阶段是将社会主义核心价值体系融入教育管理的整个过程中；第三阶段是将社会主义核心价值体系体现在社会实践过程和个体日常行为中，成为人们的共同精神信仰、基本价值取向和自觉追求。

1. 社会主义核心价值体系获得人们的理解和认同

加强社会主义核心价值体系的学习和教育，前提是让人们认识和理解社会主义核心价值体系的内容，并在认识和理解的基础上形成对核心价值体系的认同。因此，人们首先应明确社会主义核心价值体系的基本内容和具体要求，并结合现实情况和具体实践，对其做出详细的阐释，使人们易于理解、乐于接受，进而从心灵上产生共鸣，从思想上形成共识。其次，应增强人们的学习意识，筑牢人们的思想防线，增强人们对社会主义核心价值体系的重视程度。始终坚持以社会主义核心价值体系作为人们的思想和行为的准则，坚定政治立场，保持清醒头脑，逐步增强自身的党性意识、宗旨意识、大局意识、责任意识，树立共产主义的远大理想和中国特色社会主义的共同理想。最后，应在情感上对社会主义核心价值体系产生共鸣。通过广泛运用先进典型、生动事例等，充分体现社会主义核心价值体系中所蕴含的人类的真善美，使人们在学习社会主义核心价值体系过程中将榜样的精神化作自己的动力，更加自觉地践行社会主义核心价值观。

2. 将社会主义核心价值体系融入教育管理中

要将人们的思想观念转变成具体行为，必须将社会主义核心价值体系贯穿社会生活的

方方面面，融入教育和管理的整个过程之中。也就是说，社会主义核心价值体系应贯穿到经济建设、政治建设、文化建设、社会建设、生态建设以及党的建设等各个方面、各个领域之中，融入人们日常的工作、学习、生活当中。一方面，应从党的政策制度的角度下功夫，努力将社会主义核心价值体系融入到党的各项路线方针政策之中，体现在党的各项规章制度和党的组织生活之中，充分发挥党的政策和制度对人们的思想和行为的引导作用。另一方面，应从人们学习实践的角度下功夫，努力使社会主义核心价值体系成为学习教育的主要内容，成为人们进行党员民主评议、干部考察任用的重要标准，让人们在接受教育的过程中感受到社会主义核心价值体系的强大力量和无限魅力。

3. 将社会主义核心价值体系体现在实践上

进行社会主义核心价值体系的学习和教育，最终是要体现在实践上，使社会主义核心价值体系的核心内容和基本精神体现在人们的日常行为和社会实践之中。努力做到这一点，最基础、最重要的是要发挥好党员和领导干部的表率和示范作用。党员和领导干部的一言一行、一举一动，都对广大群众起着很强的示范作用，也影响着人们对社会主义核心价值体系的认同和践行。广大党员和领导干部应带头学习、自觉践行、以身作则、率先垂范，以自己的实际行动带动广大群众自觉实践社会主义核心价值体系。此外，广大党员和领导干部还应自觉地利用社会主义核心价值体系改造自己的思想，加强思想道德修养，提升精神境界，通过发挥自身的表率作用引导广大群众努力培养高尚的道德情操和健康的生活情趣。

（二）积极培育和践行社会主义核心价值观

共同的价值观是社会文化发展的基石，是人类生存发展的思想基础，也是社会发展的精神指南和发展方向。思想政治工作要发挥其强大的教育和引导功能，必须做好社会主义核心价值观的教育工作。社会主义核心价值观的培育，为我们树立共同价值观，积极应对西方价值观的挑战和引领多样化的社会思潮，建设中华民族共有精神家园奠定了坚实的思想基础。

1. 倡导富强、民主、文明、和谐

倡导富强、民主、文明、和谐，主要是从国家层面上规定了社会主义核心价值观的发展目标，是我国在社会主义初级阶段共同追求的奋斗目标。解放和发展生产力，消灭剥削，消除两极分化，最终实现共同富裕，是社会主义的本质要求，集中体现了中国最广大人民群众的根本利益，体现了社会主义制度的优越性。这一社会主义的本质内在地包含着富强、民主、文明、和谐的核心价值理念。

社会主义作为先进生产力的代表，必然能够极大地解放生产力、发展生产力，创造出更为发达的物质文明和精神文明，实现国家富强、人民幸福和民族复兴。实现国家的富强、民主、文明、和谐，是近代以来中国人民的共同愿景，有利于鼓舞人心、振奋精神，

凝聚起最广大人民群众的智慧和力量。

富强，就是国家带领广大人民群众走向富裕和强大，集中体现了坚持以经济建设为中心，坚持发展是第一要务，加快推动经济社会发展的重要目标和价值理念。民主，就是大力发扬社会主义民主，建设社会主义法治国家。文明，包括社会主义物质文明、精神文明、政治文明、生态文明等。和谐，来源于中国传统儒家的"和"思想，要求我们坚持人与人、人与社会、人与自然的和谐相处，坚持各个民族、各个地方、各个领域的和谐共存。富强、民主、文明、和谐集中体现了经济建设、政治建设、文化建设、社会建设及生态建设"五位一体"的协调发展和融会贯通。

2. 倡导自由、平等、公正、法治

自由、平等、公正、法治是社会主义国家的理想和追求，是社会主义国家在对社会进行制度设计时应该遵守的最基本的理念。西方资本主义国家也在宣扬自由、平等、博爱，但这种资本主义形式下的自由平等实质上包含着众多的不自由、不平等现象，这最终归因于资本主义的生产资料私有制。而事实证明，只有建立在生产资料公有制基础上的社会主义制度和共产主义制度，才能使人们享有平等的权利，才能真正实现公平正义。正如马克思恩格斯指出的："真正的自由和真正的平等只有在公社制度下才可能实现……这样的制度是正义所要求的。"[①]

倡导自由、平等、公正、法治，主要是从社会层面上规定了我国社会主义核心价值观的价值导向，集中体现了社会主义社会的基本价值属性和核心价值理念。作为马克思主义政党，中国共产党将实现人类解放和实现人的自由全面发展作为自己的终极目标，并一直为实现人的自由全面发展做出不懈的努力。实现人的自由全面发展已经作为一个重要的价值目标明确地写在了中国共产党的报告中，并在党的重要会议和文件中进行了多次强调。中国共产党提出的科学发展、以人为本、和谐社会、执政为民等理念，都内在地包含着实现人的自由全面发展的价值取向，也集中体现出了社会主义自由、平等、公正、法治的核心价值理念。

尊重和保障自由，集中体现在党的各项具体工作更加尊重和保障人权，发扬人民民主；更加尊重群众的首创精神，保障广大群众的各项权益。社会主义国家的平等，是让全体人民共享改革发展成果的平等，是用法治来保证的平等。公正，即公平正义，集中体现在权利公平、机会公平、规则公平等方面，这要求我们努力营造公平公正的社会氛围，保障广大群众的平等参与、平等竞争、平等发展的权利。法治，就是要建设社会主义法治国家，这是发展社会主义政治文明的根本要求。建设社会主义法治国家，要坚持党的领导、人民当家做主和依法治国相统一，坚持依法治国与以德治国相结合。

---

① 马克思，恩格斯. 马克思恩格斯全集：第 3 卷［M］. 北京：人民出版社，2002：482.

3. 倡导爱国、敬业、诚信、友善

倡导爱国、敬业、诚信、友善，主要是从公民个人的层面规定了社会主义核心价值观的道德准则。爱国、敬业、诚信、友善是我国公民基本道德规范的核心内容，体现了公民的思想道德和行为规范的本质要求，是我国公民应该践行的根本道德准则和基本道德规范。

我国在 21 世纪初就颁布了《公民道德建设实施纲要》，并在多个重要文件中谈到了公民道德建设的内容。当今社会广泛开展的志愿者活动、道德模范评选活动、精神文明创建活动等，都是社会主义公民道德建设的生动体现。中国共产党对公民道德规范进行了深度概括，提出了"爱国、敬业、诚信、友善"的核心道德理念，这是对公民道德规范的进一步升华。"爱国、敬业、诚信、友善"的核心道德理念，集中体现了中华民族的传统美德和社会主义的优秀道德，囊括了公民道德建设的各个环节，涵盖了社会公德、职业道德、家庭美德、个人品德的各个方面。

爱国，集中体现了以爱国主义为核心的民族精神，是对爱国主义、集体主义、社会主义的具体阐释。作为一个中国人，首先应该热爱自己的祖国和人民。敬业，主要是指职业价值理念。每个人在从事一定的职业时，都应该像孔繁森、孔祥瑞等先进人物一样具有敬业理念，尊重自己的职业，热爱自己的岗位，全身心地投入到工作当中，努力干好本职工作，在完成本职工作中为祖国做出贡献。诚信，是社会主义市场经济的基础，是公民应该遵守的基本道德规范。每个单位和个人都应该做到诚实守信，才能够减少市场上的商业欺诈、假冒伪劣等行为，进而增强政府和社会的公信力。友善，要求人与人之间保持友爱、和善。每个人都应该爱国家、爱社会、爱家庭、爱自己、爱他人，倡导爱的循环、拉近爱的距离，驱除一切冷漠和鄙视，营造爱的温暖氛围。

三、大力发展中国特色社会主义文化

中国特色社会主义文化是社会主义文化建设的重要内容，也是思想政治工作的重要内容。建设中国特色社会主义文化，其目标就是要培养有理想、有道德、有文化、有纪律的社会主义现代化公民，这与思想政治工作的目标具有一致性。大力发展中国特色社会主义文化，用中国特色社会主义文化教育群众，有利于扩大思想政治工作和文化建设的共同的内容范围，有效推动思想政治工作的文化融入。

（一）坚持先进取向，建设中国特色社会主义的先进文化

先进性是中国共产党的根本属性，也是建设中国特色社会主义的根本要求。从一定意义上说，我们要建设的中国特色社会主义应该是先进的社会主义，是能够引领经济社会发展和提高人民生活水平的社会主义。同样，建设中国特色社会主义文化也应该坚持先进取向，大力发展社会主义先进文化。我们要建设的社会主义先进文化，就是指坚持走中国特

色社会主义文化发展道路，坚持为人民服务、为社会主义服务的方向，坚持百花齐放、百家争鸣的方针，坚持贴近实际、贴近生活、贴近群众的原则，推动社会主义精神文明和物质文明全面发展的，面向现代化、面向世界、面向未来的，民族的科学的大众的社会主义文化。

坚持先进取向，应坚持社会主义先进文化的前进方向，坚持走中国特色社会主义文化的发展道路。中国特色社会主义文化发展道路是中国共产党加强和改进社会主义文化建设的正确道路。我们应牢牢地把握住当代中国文化发展的客观趋势和要求，立足于中国特色社会主义文化发展的实际情况，不断发展健康向上、丰富多彩的，具有中国风格、中国特色的社会主义文化，满足人民群众日益增长的精神文化需求，引导广大人民群众从思想上、精神上正确武装和不断提高。我们一定要坚持社会主义先进文化前进方向，树立高度的文化自觉和文化自信，向着建设社会主义文化强国宏伟目标阔步前进。

坚持先进取向，应正确认识和处理先进文化与时代文化的关系。任何文化都是在一定的时代条件下和历史环境中产生的，它必然从属于一定的时代，具有时代的内涵和特征。在不同的历史发展阶段、不同的社会政治制度、不同的人文历史环境中，人们会产生不同的文化，而这些文化都会具有各自的时代特征。先进文化是指处于时代前列的文化，它符合社会历史的发展规律，代表了人类社会的进步，代表了社会发展的潮流，在一定程度上引领着社会的发展方向。可见，时代文化与先进文化并不是一回事，文化具有时代性并不代表具有先进性，一些具有负面特征的时代文化还有可能阻碍社会的发展；而先进的文化一般都具有时代性，能够引领和促进时代的发展进步。

坚持先进取向，应该大力发展科技文化。科技文化是随着科学技术的发展进步而产生的一种新的文化形态。科学技术在生产生活中对人们的影响不断加深，甚至在一定程度上出现了科技意识形态。科技文化是人们在改造自然、改造社会、改造人类自身的活动中总结的，建立在一定的技术手段基础上的思想观念，有利于为人们消除愚昧、开阔思维、启发心灵提供强大的精神力量，有效地促进物质文化、制度文化、精神文化等各个层面的文化的发展。因此，在现阶段建设中国特色社会主义文化，应大力发展科技文化。

（二）坚持以人为本，发展中国特色社会主义的大众文化

文化是广大人民群众在社会实践活动中创造的，它的主体是人民群众。广大人民群众在建设中国特色社会主义文化中依靠自己的智慧和才能创造了各种各样的文化，大众文化就是其中重要的一部分。大众文化已经成为人们日常的物质文化生活的重要部分，它有效地满足了人们的精神需要。

大力发展中国特色社会主义的大众文化，应尊重多样化，而不应千篇一律。人们在认识世界和改造世界的过程中，各个国家的社会实践在某种程度上具有相似性，各个国家、各个时期的文化也具有一定的共同性，如尊重生命、向往和平等。但我们也应该看到，由

于所处的自然环境、社会环境、历史环境的不同，人类产生的文化形态、文化属性也各有不同。大力发展中国特色社会主义的大众文化，就应该尊重我国不同民族、不同地区、不同历史时期的文化特色，尊重文化的多样化，在大力发展多样文化中满足广大群众的需要。

大力发展中国特色社会主义的大众文化，还应该对"大众文化"和"精英文化"做出正确区分。所谓精英文化，一般是指存在于一定社会之中的文化精英、政治精英、社会精英等的思想意识和价值观念。他们的思想一般是存在于社会主流群体中的一种文化形态，往往蕴含着人类智慧的精华，代表着整个社会的发展趋势。而大众文化则主要存在于普通群众的生活之中，具有通俗性、普遍性等特点。可以说，精英文化和大众文化分属于不同的层面、不同的领域，面对的是不同的对象，但它们都是人类实践的产物，都需要人们的珍视和发展。

（三）坚持开放融合，发展中国特色社会主义的开放文化

建设中国特色社会主义文化，就要以开放、包容的态度吸收和借鉴人类创造的一切文明成果，这是时代发展的客观要求。当今时代，经济全球化迅速发展，世界各国的经济、政治、文化的交往越来越频繁、越来越密切，这种交往和联系已经将世界各国紧密地联系在了一起，也为世界各国文化的碰撞与交融提供了条件。在经济全球化发展的今天，世界上任何一个国家都不可能再故步自封、孤立封闭，必须以一种开放的态度融入到世界发展的大格局当中，在相互学习、相互借鉴当中提高自身的竞争实力。

坚持"开放融合"，应尊重世界文明的多样性，积极吸收借鉴世界文明的先进文化成果。世界各国在历史发展中都创造了灿烂的文明和优秀的成果，面对这些人类文明的精华，我们应积极借鉴吸收，以提升民族文化的现代化水平。面对资本主义创造的优秀成果，我们应该客观冷静地对待，从人类历史发展的长河中去分析，借鉴吸收精华，为我所用。我们在借鉴其他各国优秀文明成果的时候，应联系我国基本国情，坚持与社会实际相结合，让这些历史文明成果成为中国特色社会主义的推动力量。

坚持"开放融合"，还应该正确对待中国传统文化，继承和发扬中国传统文化中的一切优秀成果。中国传统文化博大精深，其中有很多优秀的道德文化和教育思想不仅在历史上发挥过重要的作用，而且在现代社会仍发挥着重要的作用，对建设中国特色社会主义文化具有重要意义。我们应该积极地吸收借鉴这些优秀的传统文明成果，进一步丰富和发展中国特色社会主义文化的内涵。

四、积极发展文化事业和文化产业，大力生产精神文化产品

科学教育、文学艺术、新闻出版、电影电视等文化事业和文化产业的发展，对满足广大人民群众日益增长的物质文化需要，提高人们的思想政治、道德文化等各项素质都具有

重要的作用。只有文化事业和文化产业得到更快的发展，思想政治工作才能得到更好的施展。因此，应大力发展文化事业和文化产业，重点抓好精神产品的生产，为社会生产出更多更好的、丰富多彩的、积极向上的精神文化产品。

（一）加快生产各种文化产品

从目前文化市场的发展来看，我国的文化产品生产还不能完全满足广大群众的文化需要。在促进社会主义文化大发展大繁荣的今天，我们需要加快生产各种文化产品，大力生产各种反映社会主旋律的作品、反映爱国主义的作品、反映中华民族传统美德的文化艺术品、反映人民群众优秀品质的作品。

1. 反映社会主义主旋律的优秀作品

弘扬社会主义的主旋律，是建设中国特色社会主义文化的客观要求。它有利于人们正确地引领多样化的社会思潮，发挥社会主义价值观念在社会文化中的主导作用。弘扬社会主义的主旋律，就是在马克思主义的指导下，在坚持走中国特色社会主义道路、学习中国特色社会主义理论体系、遵守中国特色社会主义制度中创作文化作品，使创作的文化作品有利于发扬爱国主义、集体主义、社会主义的思想精神，有利于发扬改革开放和社会主义现代化建设的思想精神，有利于发扬促进民族团结、社会进步和人民幸福的思想精神。

满足广大人民群众不断增长的精神文化需要，要求我们创作出更多的符合社会主义主旋律的优秀文化作品。一是我们生产的文化产品要符合广大人民群众的根本利益，有利于促进经济社会的发展进步，能够在满足广大人民群众的精神文化需求的同时发挥教育引导作用。二是积极创作出一大批能够反映改革开放和社会主义现代化建设的时代风貌以及鼓舞人们积极向上、奋发进取的优秀作品。三是加强文化市场的监管，绝不能对不健康的、愚昧落后的、与时代发展不合拍的文化作品放任不管，有效抵制文艺作品低俗化、庸俗化的倾向。四是要求广大思想政治工作者和文化工作者积极地投身到社会主义现代化建设中，投身到日常工作生活中，投身到基层一线和广大人民群众中，熟悉社会生活、了解群众疾苦、积累文化素材、激发创作灵感，努力创作出一批雅俗共赏、喜闻乐见、艺术性强、感染力浓的优秀作品。

2. 反映爱国主义情感的教育作品

爱国主义是中华民族的优良传统。无论是在历史上，还是在现代社会，爱国主义都在团结全国各族人民共同奋斗中发挥着重要的作用。爱国主义是促进中华民族发展壮大的重要动力，是维护中华民族团结进步的重要旗帜。在改革开放新时期，大力加强爱国主义教育的意义仍然十分重大。

在实施爱国主义教育过程中，我们不仅应通过各种精神、各种事例、各种故事教育群众，而且应将这些事例和故事转化成文化产品。我们应深入地挖掘古今中外的爱国主义的教育题材，广泛地利用历史上和存在于现实社会生活之中的关于爱国主义的典型故事和鲜活案例，进行艺术加工，大力生产爱国主义教育的文化产品。我们应充分利用这些爱国主义产品来教育广大群众，使爱国主义精神深深地扎根在群众的心中，广泛地激发起广大人民群众的爱国主义热情。

3. 反映中华民族传统美德的文化艺术品

中华民族在 5000 多年的历史发展中，形成了具有鲜明特色的中华民族传统美德，内容广泛、作用巨大、影响深远。中华民族传统美德的主要内容涵盖了社会生活的方方面面，包括团结互助、和平友善、见义勇为、尊老爱幼、尊师重教、注重礼仪等。这些优秀的中华民族传统美德不仅在历史上发挥着巨大的作用，而且在改革开放新时期也成为人们的基本道德规范，激励着每一个人。因此，我们在推进文化教育的过程中应该充分地体现出广大人民群众的这些优秀的品质。

加强中华民族传统美德的教育，增强中华民族传统美德的影响力，不能仅仅局限于宣传和教育的层面，还应注重开发、创作和生产反映中华民族传统美德的文化艺术品和文化产品。通过组织相关部门和相关人员进行文化创作，生产出更多的适合广大人民群众需要的道德文化产品，来优化社会环境、净化人的心灵，提高人们的思想道德素质。广大的思想政治工作者和文化工作者都应该自觉地弘扬中华民族的优秀文化，扎根基层，深入实践，在亲身经历中创作或引导创作反映时代精神、激发时代斗志的优秀作品。

（二）提高文化产品质量

文化产品的好坏对人们的思想和行为具有很大影响。积极向上的文化精品能够鼓舞士气、激励斗志，而粗制滥造的文化产品有可能麻痹思想，使人们变得松弛懈怠。中国共产党历来都非常重视文化部门的工作，也非常重视精神文化产品的质量，并将文化产品比作是人们的"精神食粮"，滋养着人们的心灵。在历史上，中国共产党生产出了一大批催人奋进、鼓舞士气的高质量的文化产品，在革命、建设和改革的过程中发挥了重要作用。中国共产党在今天同样注重精神文化产品对人们的思想和行为的引导作用，始终坚持以优秀的作品引导人和教育人，并注重文化产品质量的提高，从而涌现出了一大批富有时代精神、积极健康向上的文化艺术作品。

提高文化产品的质量，要求广大干部和群众进一步提高对文化产品生产质量的重要性的认识，进一步增强人们的使命感和责任感。应始终站在弘扬民族文化、振奋民族精神、培养中华民族优秀文化人才的高度来认识文化工作和文化产品的生产。广大文化工作者应通过努力学习、刻苦钻研、大力生产，为社会提供丰富多彩、乐观向上、催人奋进的精神文化产品。同时，应牢固树立精品意识，通过充分利用现代影视艺术等先进手段，创造出富有时代特色、牵动人们心灵、推动时代进步的优秀文化作品。

提高文化产品的质量，既要注重丰富多彩，又要注重主题突出。这体现了多样性与主导性的统一。在社会主义现代化建设的今天，人们对文化的需求越来越多样化，这就要求社会生产出多种多样的、丰富多彩的文化产品，以最大限度地满足广大群众的不同需要。同时也要看到，每一个时代都有每一个时代的主题，文化产品的生产也要突出时代主题。在当前，我们的文化产品的生产就是要围绕着建设社会主义现代化和实现中华民族伟大复兴这个主题展开。

第三节　创新文化融入的方式方法

思想政治工作对文化的借鉴，很大一部分是方式方法方面的借鉴和吸收。将文化融入思想政治工作之中，集中体现在将文化的方式方法运用到思想政治工作当中，进一步推动思想政治工作方式方法的改进和创新。

一、推动方法创新

通过运用文化的各种有效形式，将文化建设的有效方法融入思想政治工作活动中，进而推动思想政治工作方式方法的创新，各项工作才有方向、才有基础、才有活力。

（一）创新文化融入的方式方法

文化的发展和繁荣丰富了思想政治工作的内容，创造出了许多能够凝聚群众、增强思想政治工作向心力和竞争力的新形式和新方法，使思想政治工作不再停留在理论灌输和口头说服上，而是在思想情感上、日常生活中充分激发出人们的积极主动性。思想政治工作的文化融入有直接融入法、间接融入法和复合融入法三种主要的方法。

1. 直接融入法

所谓直接融入法，就是将文化的有关思想内容直接注入思想政治工作之中，通过对人们实施思想政治工作将这些文化内容和思想精神凸显出来，实现思想政治工作的文化融入的目的。也就是说，直接将文化中包含的主体内容和主要思想作为思想政治工作的施教内容，传播和灌输给工作对象。例如：在企业文化建设和思想政治工作过程中，在一定的政治标准的指导下，结合企业发展的实际情况，对员工直接实施的企业精神、企业目标、企业行为规范的教育，这一过程既是企业文化建设的过程，也是企业思想政治工作的过程。

2. 间接融入法

所谓间接融入法，就是将思想政治工作的内容寓于各种具体的文化载体和活动载体之中，再通过这些载体把文化的内容在轻松、愉悦的环境中渗透到工作对象的心灵中，使工作对象不知不觉地接受和认同，实现寓教于乐，"随风潜入夜，润物细无声"的目的。比如：搞好工作场所的环境设计，营造良好的文化氛围，能够使人们更加爱岗敬业、昂扬奋进。

在一个开放的社会中，思想政治工作的成功与否往往更加依赖于文化环境的熏陶和感染。创造良好的文化环境，有利于将思想政治工作融入学习、生活和工作的过程中，使工作对象自然地接受教育，从而极大地减少了工作对象的逆反心理。工作对象在接受一种人性化的管理或服务的同时，也会不自觉地接受这些管理或服务中所蕴含的文化价值观。

3. 复合融入法

所谓复合融入法，就是将直接融入法和间接融入法综合起来使用，发挥直接融入法的直接灌输和间接融入法的无形渗透的长处，避免两者的短处，从而起到更好的效果。复合融入法是思想政治工作和文化建设经常采用的方法，也是最主要的一种方法。

复合融入法除了发挥直接融入法和间接融入法的长处之外，还应该借助群众参与和榜样示范的力量。一种方式是直接对参与者和榜样人物提出某种具体的思想政治要求，使他们直接受到相关的教育。另一种方式是通过参与者和榜样人物在行为中表现出来的思想政治内容，使未参与者从中得到启示、受到感染，从而间接地受到教育。我们现阶段的主要努力方向应该落在加强对复合融入法的研究上，使直接教育和间接熏陶更加紧密地结合在一起，充分发挥出各自的功能，从而形成思想政治工作的巨大合力。

（二）营造良好的文化环境

文化环境对人们的思想和行为起着无形的影响。良好的环境能够潜移默化地促使人们改变思想中的一些消极因素，促进人们的和谐友好、积极健康、互助友爱等良好品质的形成。

文化环境能够积极地介入思想政治工作和文化建设的运行以及思想政治工作的文化融入的全部过程之中。这种文化环境的介入，体现为特定的文化情境。也就是说，只有在特定的文化情境中，思想政治工作和文化建设的主体才有可能实现彼此的交往和互动。这种特定的文化情境，既包括必要的物质条件，又包括由各种文化要素构成的无形的"文化场"。

文化环境对思想政治工作的影响是全面的、全方位的。一方面，文化环境是"信息输入"的直接源泉，它所含有的思想和价值观念为思想政治工作的文化融入提供了基本的内容；另一方面，思想政治工作文化融入的效果及其作用评价，将以"信息输出"的方式进入文化环境，并为再次进行"信息输入"做好准备。

二、推动文化载体创新

载体是一种特殊的形式和手段，是能够承载和传递相关内容信息的具体形式。载体在信息的传播过程中发挥着非常重要的作用。文化是思想政治工作的有效载体，在思想政治工作中发挥着传递政治信息、影响人们的思想和行为等重要作用。文化建设中包含着很多的载体，既包括物质文化载体、精神文化载体、制度文化载体、行为文化载体、环境文化载体，又包括网络文化载体、手机文化载体等。这些载体都能够为思想政治工作内容的传播提供有效的服务。推动思想政治工作的载体创新，重点在于推动思想政治工作的文化载体的创新。通过各种文化活动载体，将思想政治工作的内容以人们乐意接受的形式融入各项工作之中。

（一）充分利用现代信息技术手段

推动文化载体创新，应充分利用现代信息技术手段，促进思想政治工作的形象性、生动性和灵活性。信息技术在当今时代得到迅速发展，传统的电影、电视等媒介日益发展完善，网络等新媒体逐渐出现并吸引着人们的眼球，这些都为文化信息的传播提供了"声、光、色、电"等多种方式和途径，成为思想政治工作文化融入的重要技术手段和有效载体。

影视作品、诗歌散文、小说戏剧等多种文化载体的运用，有利于把抽象的马克思主义理论形象化、生动化，将马克思主义的最新理论成果通过图文并茂、形象生动、通俗易懂、潜移默化、润物无声的方式宣传、普及和传播到广大群众中去，进而增强人们对中国特色社会主义的理解，激发人们的学习热情。推动思想政治工作的文化融入，应善于利用这些现代化的传播工具，充分发挥这些传媒工具拓展信息交流的渠道，并根据人们的性别年龄、文化背景、兴趣爱好等特点开展多种不同形式的文化活动，以扩大思想政治工作的辐射面，增强思想政治工作的感召力。

推动思想政治工作的文化融入，尤其要充分利用现代网络技术，积极传播与我国社会主义发展要求相一致的思想文化、价值观念、道德规范等内容，掌握网络传播的主动权和话语权。一是充分利用互联网技术，积极创建各种红色网站，设立各种红色主题网页，系统地传播中国特色社会主义，加强对党的最新理论成果的宣传和教育。二是善于通过网络进行交流，及时掌握广大群众的思想动态，搜集社会舆情，对错误的思想观念和不良的社会情绪及时进行纠正和疏导，通过"网言""网语""网事"等进行解疑释惑，创造良好的网络舆论环境。三是充分利用网络博客、官方微博、微信公众号等新的传播手段，利用它们的个性化、私人化、隐蔽性强等特点，积极利用这些新型传播媒介开展教育活动，使它们成为思想政治工作文化融入的新载体。

（二）充分利用各种文化活动和文化设施

推动文化载体创新，还应该充分利用各种文化活动和文化设施，广泛开展形式多样的文化活动和文明创建活动，积极建设和利用各类文化设施，积极拓展文化渠道。

1. 开展形式多样的文化活动

开展思想政治工作活动既要有合适的主题，又要有受欢迎的载体。广泛开展各种生动、感人的文化活动，使人们在寓教于乐中陶冶情操、净化心灵、提升境界，是推进思想政治工作文化融入的有效方式。文化活动具有各种各样的、生动活泼的、群众喜闻乐见的、吸引力强、启发性强的活动形式，包括办好报刊、广播电视、宣传网站，开展学雷锋活动，开展群众性文娱体育活动，组织各种参观展览，组织社区文化活动，组织开展演讲、文艺演出、参观访问、知识竞赛等。此外，广泛开展以创建文明单位和文明小区为重点的社会主义精神文明活动，也为思想政治工作的文化融入提供了广阔的空间。充分开展这些文化活动，既可以传播中华民族的传统美德和社会主义的时代创新精神，培养积极健康的生活方式和积极进取的生活态度，又有利于丰富人们的精神生活，促进人们的情感交流，融洽彼此之间的相互关系，创造一种协调、宽松、健康、和谐的文化氛围。

2. 建设和利用各类文化设施

广泛开展各种文化活动，应着力建设好各类文化设施，为各种文化活动的开展提供物质条件。随着物质财富的增长，人们对思想政治工作和文化建设的硬件设施提出了更高的要求。建设完善的硬件设施，有利于思想政治工作活动和文化活动的有效开展，有利于促进思想政治工作和文化建设工作向纵深方向发展。

推动文化更好地融入到思想政治工作之中，应充分利用大众传媒和各类公共文化设施对工作对象进行教育和渗透。一是充分利用各种历史纪念碑、纪念馆、文化遗址、博物馆、展览馆、科技馆等对工作对象进行历史教育和爱国主义教育。二是充分利用各种革命遗址、红色旅游区等对工作对象进行红色教育。三是充分利用各类文化宫、青少年宫、游泳馆、图书馆、健身房、体育馆等文化体育设施，组织开展各类文化体育活动，促进人们在文化娱乐活动中陶冶情操、增长乐趣、激励奉献。

3. 积极拓展文化渠道

推动思想政治工作的文化融入，在充分利用各种文化设施和文化活动的同时，应进一步推进文化融入的方式方法的创新，积极地拓展文化的融入渠道，将思想政治工作的内容体现在学校教育中、社会活动中、环境建设中。一是以学校教育为主渠道。在学校广泛设置"中国特色社会主义文化""中国特色社会主义理论体系""中国传统文化概论"等课程，积极创新社会实践活动，深入挖掘中国传统优秀文化中的教育资源，将文化的内容有效地融入思想政治工作的整个过程中。二是以社会活动为辅渠道。广泛开展各种各样的、丰富多彩的、寓教于乐的文化娱乐活动或体育活动，在潜移默化中实现思想政治工作和文化的功能。三是以人文环境建设为"软渠道"。加强人文环境建设，提升文化品位。四是以自然环境建设为"硬渠道"。美化自然环境，实现自然环境与人文环境的和谐统一，发挥自然环境在陶冶人们情操、修养人们身心中的作用。

第四节　建立健全文化融入的制度机制

文化融入思想政治工作的过程并不是零散无序的，而是一项系统工程。作为系统工程，它强调要素与要素之间的有机结合。各种要素的相互结合及其整体运作需要有一种相对规范有效的制度机制。科学、健全、规范、有效的规章制度和运行机制，是思想政治工作文化融入的重要内容。它带有一定的强制性，能够为思想政治工作和文化的协调发展提供不竭动力。

一、建立健全有利于文化融入的领导体制和工作机制

建立科学的领导体制和工作机制是促进思想政治工作文化融入的重要保证。思想政治工作文化融入的领导体制主要体现在组织、人才、思想等方面，是管事、管人、管思想的有机统一。思想政治工作文化融入的工作机制是领导体制的进一步细化和具体化。

（一）统一领导、齐抓共管

推动思想政治工作的文化融入，应建立健全思想政治工作和文化建设的有效管理机制。应始终坚持党的统一领导，建立健全党委"一把手"负责的领导机制。同时，充分发挥党政工团妇等各部门和各团体的积极作用，发挥各条战线、各个行业、各个领域的积极作用，努力形成党委统一领导、党政工团妇齐抓共管、各部门各单位各负其责、全社会共同参与的领导体系和工作机制，形成一支专职与兼职相结合，行政干部、业务干部、技术干部以及其他人员共同参与的大格局。

1. 高度重视、切实负责

各级党委应高度重视思想政治工作的文化融入问题，充分认识到思想政治工作的文化融入是时代发展的必然趋势，是推动新时期思想政治工作改革创新和推动社会主义文化大发展大繁荣的客观要求。各级党组织应切实肩负起领导和指导思想政治工作和文化建设的重要责任，对思想政治工作文化融入的主要目标、主要任务、过程步骤、目的意义等都要通盘考虑、精密筹划、周密部署，认真研究和解决文化融入过程中可能遇到的矛盾和问题，不断推动思想政治工作文化融入的纵深发展。各级党组织应切实把推动思想政治工作的文化融入列入日常的工作议程，列入经济社会改革发展的总体规划中，防止出现"嘴上重视、行动忽视、待遇歧视"的现象。

2. 加强党组织的领导

各级党组织切实加强对思想政治工作和文化建设工作的领导，既能提高党的权威、改善党的领导方式和执政内容，又能保证文化建设的社会主义方向，从而为推动思想政治工作的文化融入提供强大的精神动力、良好的环境条件、有力的组织保障。可见，坚持对思想政治工作和文化建设的领导是中国共产党的优良传统和重要经验，也是坚持党的领导在思想理论建设领域中的具体体现。

在思想政治工作和文化建设中坚持党的领导，应该将各级党组织的"一把手"作为文化融入工作的第一责任人，其他领导人员也应该明确任务、各负其责，切实将思想政治工作和文化建设的领导权抓在手上，落实到具体工作之中，并将开展思想政治工作和文化建

设的成效作为工作考评和选拔领导干部的重要标准。

3. 优化思想政治工作和文化建设的有效管理机构

一定的管理机构是思想政治工作和文化建设的"协调装置"。管理机构的设置是否合理、运转是否协调，将对思想政治工作和文化建设的发展有重要的影响。优化思想政治工作和文化建设的管理机构，能够使决策、组织、领导、控制、创新等职能处于科学、有序的状态，从而最大限度地促进社会各类资源的优化配置，激发起广大群众的积极主动性，从而不断地将思想政治工作和文化建设工作推向前进。

优化思想政治工作和文化建设的有效的管理机构，能够为推动思想政治工作和文化建设的创新提供源源不断的精神动力和物质保障，能够有效地实现思想政治工作文化融入的目标。如果相关管理机构的配置不合理，甚至出现职能重叠、职责不明、运转不灵、效率低下等情况，必然会影响到思想政治工作和文化建设优化的生机和活力，阻碍思想政治工作的文化融入。因此，优化管理机构，关键在于对相关管理机构进行合理配置，明确相关机构的职责，保证管理机构的协调运行、高效率运行。

4. 加强文化传播部门的作用

文化传播媒介在传播社会文化和文化产品过程中发挥着重要的作用，对社会文化环境也产生着重要的影响。文化传播部门在加强社会主义精神文明建设、整治社会文化环境中的责任也非常重大。在经济效益和社会效益面前，各类报纸、杂志、广播、电影、电视、网络等文化传播部门一定要树立起社会效益为先的思想观念，正确把握文化导向，积极报道反映社会主义新风尚的好人好事，播放能够体现积极向上、艰苦奋斗、见义勇为等伟大精神的电影电视作品，传播各种能够反映中华民族传统美德又富有时代精神的文化产品，杜绝各类精神不振、庸俗低俗的文化产品进入媒体，污染文化环境。

5. 加强文化管理部门的作用

文化管理部门在加强社会文化市场的管理和文化环境的整治中发挥着重要的作用。加强文化管理部门的作用，一是应加快立法，建立健全社会主义文化市场的相关规章制度，从制度上保证文化市场的健康发展。比如：建立健全各种媒体尤其是新媒体的登记审查和定期检查制度，建立健全文化工作人员的教育培训制度，建立健全对文化市场的治理制度和违法人员的惩治制度等。二是应加大执法力度，做到严格执法。应加大对文化经营部门的监督检查力度，坚持固定检查和突击检查相结合，形成文化监督检查的常态化、长效化机制。大力加强对文化环境的整治力度，通过采取各种有效措施打击不良活动，禁止低俗庸俗的、腐朽落后的文化产品进入到文化市场中，净化文化市场环境。

（二）引导群众积极参与

党的思想政治工作和文化建设工作，实质上都可以说是党的群众工作，是一个教育群众、发动群众、引导群众、提高群众的过程。在这个过程中，群众并不是消极被动的，而是积极主动的，是充分发挥自身的聪明才智积极参与建设的。

1. 树立全员共建意识

思想政治工作的文化融入是一项系统性的工程，这项工程的完成，离不开党的坚强领导，同时也离不开各个部门、各个单位、各个环节的协调和配合，离不开广大人民群众的积极参与。推动思想政治工作的文化融入单纯依靠几个部门的努力是完成不了的，更需要广泛发动社会各方面的力量，调动起最广大人民群众参与建设的积极性和主动性。因此，推动思想政治工作的文化融入，应在全社会树立起全员共建的意识，充分调动起全社会及其全体成员的积极性、主动性和创造性。只有每个社会成员都深刻地认识到自己的责任并主动肩负起责任，努力做好本职工作，才能有力地促进思想政治工作和文化建设的同步发展、协调发展、融合发展。

2. 引导广大群众积极参与

推动思想政治工作的文化融入，不能只是依靠政府部门的努力，还需要依靠广大群众的积极参与。这就需要引导社会全体成员的共同参与，提高广大群众的参与能力，激发他们参与的积极主动性；需要确立人民群众的主人翁地位，真正实现民主参与，建设积极向上的参与氛围。一是改进工作方式。领导干部应转变思想观念，坚持密切联系群众，充分尊重人民群众的主体地位，发挥人民群众的主体作用，将党的一切工作都置于人民群众的监督之下，接受广大群众的监督和考核。通过各种途径及时、定期地与广大群众沟通信息，让广大群众了解当前的形势和面临的任务以及面临的各种问题和困难，增强广大群众的责任感、使命感。二是引导广大群众积极参与到社会生产、经营、管理、服务等的整个过程之中，使广大群众与经济社会的发展同呼吸、共命运，从而形成一个能够相互依靠、相互促进的利益共同体。

二、建立健全思想政治工作与文化的互动发展机制

实现思想政治工作的文化融入需要保持思想政治工作与文化之间的良性互动和同步发展。如果思想政治工作与文化之间出现隔离或者其中的一个严重滞后于另一个，就会深刻地影响到思想政治工作的文化融入效果。

（一）建立健全思想政治工作与文化的互动机制

推动思想政治工作和文化的互动，要求实现思想政治工作和文化在内容上、功能上、载体上、方法上的互动与整合。思想政治工作与文化的互动包括主客体的互动，内容、方式、目标的互动，以及主客体与内容、方式、目标的互动等。

第一，建立健全思想政治工作与文化的平衡协调机制。建立健全思想政治工作与文化的平衡协调机制，要求人们主动地对社会文化信息进行积极地反馈、筛选和辨别，从而形成思想政治工作和文化的正确导向机制。一方面充分发挥思想政治工作的主导作用；另一

方面从组织、制度、方法等方面建立和完善社会主义文化建设的导向机制，进而主动吸收各种文化信息中的积极有益的成分，丰富和充实思想政治工作和文化的内容和形式，为思想政治工作和文化增添时代色彩和生机活力。

第二，建立健全思想政治工作与文化互动的规范、约束、引导机制。建立健全思想政治工作与文化互动的规范、约束、引导机制，需要从以下几个方面进行努力：一是发挥社会主义文化对人们的思想和行为的规范、约束和引导作用。二是形成个人的自我教育、自我导向和自我完善机制。三是充分发挥社会精神、集体舆论、典型榜样、人际环境以及各种规章制度等对人们的规范、约束和引导作用，促进社会主义文化的健康发展。

第三，建立健全思想政治工作与文化互动的保障机制。建立健全思想政治工作与文化互动的保障机制，需要从以下几个方面进行努力：一是帮助人们形成正确、高尚的自我导向机制，使人们自觉地、主动地、正确地对各种文化信息进行辨别、筛选、消化、吸收，使人们的思想文化素质的提高过程变成一个自我教育、自我完善的过程。二是经常对广大群众进行理想信念、中国特色社会主义、国情社情、形势政策等方面的教育，使广大群众在面对各种社会文化思潮的冲击时保持坚定立场和正确方向。三是结合我国的基本国情和广大群众的个体发展需要，加快对社会大众尤其是青少年意识形态的教育引导，使他们形成正确的价值目标、政治态度、道德规范、职业角色等。四是开展多种形式的社会实践活动，形成社会实践、科技文化服务、经济建设"三位一体"的活动机制，积极组织广大群众参与到这些社会活动之中，介入经济社会发展的整个过程之中，在亲身实践中提高思想素质、锻炼工作能力。

（二）建立健全思想政治工作与文化的同步发展机制

开展有效的思想政治工作是党的优良传统，也是党多年积累下来的宝贵经验。在社会主义市场经济不断健全和完善的今天，思想政治工作仍然是一项不可或缺的重要工作，并在经济社会发展的各个方面都发挥着重要的作用。社会主义文化建设作为中国特色社会主义建设布局的重要部分，是"五位一体"中的重要组成部分，并在经济社会发展中越来越显示出它的重要性。从一定意义上说，一个国家的文化发展状况决定了这个国家的竞争力的高低，文化已经成为国家发展的重要动力。可见，无论是思想政治工作还是文化建设，都是党的事业的一部分，都在各自的领域中发挥着不可替代的作用，并且这两者相互促进、相辅相成。思想政治工作保证了文化建设的正确发展方向，而文化建设也推动了思想政治工作的改进和创新。

思想政治工作和文化建设虽然存在着密切的联系和相互作用，但这种相互作用还是存在一定的差别的。思想政治工作对文化建设更多的是一种指导作用，而文化建设对思想政治工作更多的是一种促进作用。也就是说，思想政治工作在"两个文明"建设中处于指导地位，具有导向作用。思想政治工作指导着文化建设保持社会主义方向，而文化建设为思想政治工作创造了必要的条件和良好的环境。文化建设以其独特的文化方式和活动方式为思想政治工作提供了新思路、新内容和新方法，有效地促进了思想政治工作向深度和广度的拓展。

从整体上看，虽然思想政治工作和文化建设具有许多相同之处或相通之处，能够实现有机结合，但在实际工作中，这两者都不能偏废，更不能相互替代。思想政治工作和文化建设承载着不同的社会职责，在经济社会发展中发挥着各自不同的作用，不能以文化建设代替思想政治工作，更不能以思想政治工作代替文化建设。否则，就会模糊界限，不仅会削弱思想政治工作的作用，还会使文化建设失去指导方向。

建立健全思想政治工作与文化的同步发展机制，应坚持思想政治工作和文化建设同时加强、同步推进，在工作的具体部署和安排上应保证思想政治工作与文化工作的同步骤、同安排。应逐步建立有利于促进思想政治工作文化融入的多层次、多形式、立体化、开放式的工作平台，建立以信息反馈、信息整理、信息共享为基础的工作系统，在加强对各种信息的反馈、整理、共享的基础上，推动思想政治工作和文化建设的同步发展、融合发展。

三、建立健全思想政治工作文化融入的推动和保障机制

实现思想政治工作的文化融入，需要一定的推动力量和保障力量，这就要逐步建立健全思想政治工作文化融入的动力机制、反馈评估机制和保障机制。

（一）建立健全思想政治工作文化融入的动力机制

思想政治工作的文化融入需要一定的推动力量。这种动力直接来源于人们的精神文化需要，来自人们的精神文化需要与思想政治工作对人们的满足之间的矛盾。实践证明，思想政治工作和文化建设只有在拥有一定动力的时候，才能促进文化更好地融入到思想政治工作之中。

1. 建立健全思想政治工作文化融入的利益驱动机制

利益是思想政治工作和文化建设的出发点和归宿点。利益驱动是思想政治工作文化融入的动力机制中的最基本的力量。

思想政治工作和文化建设都反映了一定的利益关系，都服从和服务于一定社会阶层或利益集团的利益，并在一定程度上能够满足人们的政治利益和文化利益。离开了利益，思想政治工作和文化建设也就失去了存在的条件和价值。思想政治工作和文化建设的一个重要作用就是引导人们的利益追求方向，引导人们树立正确的利益观和价值观，从而调节社会的各种利益关系，尤其是正确处理好满足物质利益与提高思想境界之间的关系。

2. 建立健全思想政治工作文化融入的政策驱动机制

政策驱动是动力机制中的重要力量。思想政治工作文化融入的政策驱动机制，主要是

指中央、地方、基层等各部门制定、下发的各种政策、条例、纲要、意见、通知等。这些政策的制定和实施，主要用来满足人们的政治文化需要以及对人们的各种需要进行调节。当人们的需要具有合理性、正当性，并与社会的发展目标相一致时，就应该制定政策进行鼓励和支持，进而调动人们的积极主动性，实现社会发展目标；当人们的需求过高、不切实际或者与社会发展目标不一致时，也应该通过各种政策或制度措施对人们进行价值引导，合理调节人们的各种需要，将人们的思想引导到社会发展的轨道上来。

3. 建立健全思想政治工作文化融入的精神驱动机制

精神需要属于人的高层次的需要，包括进行社会交往、获得社会尊重、取得社会成就、促进个人发展、实现自我价值等。思想政治工作和文化建设的一个重要目标就是为人们提供强大的精神动力。

精神驱动机制是动力机制中的隐性推动力量。思想政治工作文化融入的精神驱动机制，主要是指以目标激励、精神激励、情感激励等为主的激励，体现在思想政治工作和文化建设的组织者和参与者的思想观念、理想信念、道德素质、情感意志等方面。这些因素是人们从事生产生活及其他一切社会活动的重要精神推动力量。新形势下，推动思想政治工作的文化融入，就是要大力开发人们的精神动力，创造良好的文化环境和社会环境，不断为建设中国特色社会主义和实现中华民族伟大复兴提供精神动力、智力支持和思想保证。一是把文明意识、服务意识、竞争意识、忧患意识等汇集成一种群体意识，使人们的精神境界得到优化和提高。二是从人们最关心、最需要帮助和解决的事情入手，多做得人心、暖人心、稳人心的工作，达到以情感人、以事促人的效果。

（二）建立健全思想政治工作文化融入的反馈评估机制

对思想政治工作文化融入的效果进行评估，其前提是收到思想政治工作的反馈信息。因此，一定的信息反馈是对思想政治工作的文化融入进行有效评估的前提条件。完成文化融入的评估，要求全面建立思想政治工作的信息反馈系统，并对思想政治工作文化融入的实际状况、融入进度、融入效果、功能作用等方面进行全面的分析和评价。

1. 建立健全思想政治工作文化融入的信息反馈机制

畅通的信息反馈机制是对思想政治工作和文化建设进行有效调控的前提，也是保证思想政治工作文化融入的有效推进的基础。及时了解计划的执行情况、思想政治工作和文化的发展与融入情况，有利于及时发现问题、掌握具体情况，牢牢把握住思想政治工作和文化建设的主动权；有利于对相关信息及时进行反馈沟通，不断研究解决新问题，为进一步做出正确决策提供保证。如果没有及时、全面、准确的信息反馈，就很难对思想政治工作文化融入的过程进行调节和控制，也就无法达到应有的效果。

建立健全思想政治工作文化融入的信息反馈机制，需要从以下几个方面做出努力：一是在各个部门和各个单位建立信息上报制度、信息流通制度、信息公示制度，以确保信息的畅通；二是将各级党委的宣传部门作为思想政治工作的信息反馈和集散中心，并根据反馈信息及时做出工作情况报告，提出改进的意见和建议；三是各级党委加强对工会、共青团、妇联等社会团体的领导，将他们作为密切联系群众的重要渠道，发挥自我教育、自我管理的作用；四是建立合理、及时、畅通的信息机制，促进社会群体反映民意的规范化、常态化、长效化。

2. 建立健全思想政治工作文化融入的效果评估机制

有效地开展对思想政治工作文化融入效果的评估，有利于增强思想政治工作文化融入的计划性和针对性；有利于准确地评价和衡量思想政治工作者的绩效和贡献，正确认识思想政治工作者的劳动价值；有利于进一步推动思想政治工作内容和方法的改革创新，提高思想政治工作科学化水平。建立健全思想政治工作文化融入的效果评估机制，应明确评估标准、制订评估计划、细化评估责任、形成考核机制。

第一，明确思想政治工作文化融入的评估标准。对任何事物的评估都离不开一定的标准，评估标准的确立是有效开展评估活动的必要前提，思想政治工作的文化融入活动也不例外。马克思主义告诉我们，实践是检验真理的唯一标准。评价任何活动的先进与否，关键要看它是否有利于促进社会生产，有利于推动经济社会的全面发展。思想政治工作文化融入的评价标准也应该体现在是否有利于促进经济、政治、文化、社会、生态等的全面协调可持续发展；是否有利于促进人的全面发展；是否有利于思想政治工作的功能发挥、作用实现以及文化的发展和繁荣。

第二，制定思想政治工作文化融入的组织目标和实施计划。开展思想政治工作和文化建设工作应有一定的计划性，应在每一年度或每一季度制定组织目标和活动计划。在进行年度总结和考核评价时，应将日常的工作情况和实施效果与年前的目标和计划进行对照，看实际工作情况是否与工作计划相一致，制定的工作目标是否已经实现。

第三，探索建立健全思想政治工作文化融入的责任制。加强对思想政治工作文化融入的年度总结和考核评价，根据设计规划、组织制度及相关政策建立健全思想政治工作文化融入的责任制。把履行思想政治工作文化融入的任务纳入到述职内容当中，接受党员群众的民主评议和监督，并将考核结果作为干部晋升、物质奖励的重要依据。完善奖惩机制，增强思想政治工作者和文化工作者的使命感和光荣感，激发出他们的积极性、主动性和创造性。

第四，探索建立思想政治工作文化融入的定性与定量相结合的考核机制。对思想政治工作的评估，一般都停留在定性评估的层面，这是思想政治工作活动难以量化的特点所决定的。对思想政治工作的定性评估，是指对思想政治工作者的活动进行宏观上的分析和鉴别，通过评价思想政治工作的效果和影响程度来定性分析他们的工作是否优秀、是否合格，包括听取工作汇报、进行实际考察、听取他人意见等。这种定性分析方法发挥着一定的作用，但主观性比较强，评估效果的好坏在一定程度上受到评估人的主观影响。因此，应积极探索思想政治工作文化融入的量化考核机制，建立健全思想政治工作文化融入的评估指标体系，运用模糊数学等方法将行为变成数据，通过对行为数据的分析对思想政治工作的效果做出科学评价。当然，在评估过程中，这两种方法都是不可缺少的，应实现这两种方法的有效结合。

（三）建立健全思想政治工作文化融入的保障机制

思想政治工作的文化融入需要有一定的制度作为支撑和保障，特别是国家的相关法律法规对思想政治工作文化融入的有效实施具有促进作用。保障机制为思想政治工作的文化融入提供了必要的物质条件和制度基础。思想政治工作文化融入的保障机制，主要包括组织保障机制、队伍保障机制、物质经费保障机制、制度保障机制等。

1. 建立健全思想政治工作文化融入的组织保障机制

建立健全思想政治工作文化融入的组织保障机制，党委（党组）"一把手"应该是第一责任人，应负起主要的领导责任，其他的领导成员也应明确各自的任务，担负起各自的责任。各单位、各部门的主要负责人是所属单位或部门开展思想政治工作和文化建设工作的第一责任人，应全面保障思想政治工作的文化融入取得良好成效。

各级党委可以根据实际工作需要建立联席会议制度，对思想政治工作和文化工作实行有效的领导。可以成立工作协调机构，由分管宣传和思想政治工作的党委书记任组长，协调思想政治工作和文化工作的部署和实施。党委宣传部是具体的执行部门，办公室、组织部、工会、人事处等部门都参与其中，各个部门密切配合形成促进思想政治工作文化融入的有效合力。

2. 建立健全思想政治工作文化融入的队伍保障机制

推动思想政治工作的文化融入，需要一支政治强、业务精、作风正、素质高的干部队伍作保障。思想政治工作的文化融入是一个长期的过程，不可能在短期内就很快完成，这就需要建立一支高素质的专职干部队伍。建设高素质的思想政治工作者队伍和文化工作者队伍是做好思想政治工作和文化建设工作，推动文化有效融入思想政治工作的客观要求。

提高思想政治工作文化融入的有效性，要求这支高素质的干部队伍既要能够胜任思想政治工作，又要能够承担文化工作，能够始终坚持"两手抓、两手都要硬"。一是按照素质高、结构优、队伍稳定的要求，选拔一批德才兼备、政治文化素质高的中青年人才充实到思想政治工作队伍和文化建设队伍之中。二是各级党委和部门应加强对专职干部的教育和培养，积极开展各种教育培训活动，使他们定期学习，不断提升干部队伍的思想理论素质和实际工作能力。三是组织思想政治工作者和文化工作者深入实践、调查研究，不断研究新情况、发现新问题、探索新规律，在实际工作中提高工作能力和文化水平。四是增强思想政治工作者和文化工作者的事业心和使命感，增强他们工作的荣誉感，使思想政治工作和文化建设工作得到全社会的尊重和重视。

3. 建立健全思想政治工作文化融入的物质经费保障机制

有效开展思想政治工作和文化建设，推动思想政治工作的文化融入，需要在人力、物力、财力等方面进行大量的投入，以改善思想政治工作和文化建设的外界条件。可以说，推动思想政治工作的文化融入，经费保障尤为重要。一是加大经常性教育经费、大型宣传教育活动和文化活动经费、理论研究和实践调研经费的投入力度，满足思想政治工作者和文化工作者的教育培训、表彰奖励等方面的经费需要。二是在财政预算时，对思想政治工作和文化建设进行独立预算，能够有足够的经费配备相关设施、组织开展各种具体活动等，以满足政工部门和文化部门基本建设的需要。三是各级各地党委应把思想政治工作和文化建设的基础设施、基本设备、活动场地、基本建设等纳入当地的总体建设规划当中，从基本建设经费中给予保证。充分利用现代技术手段，使思想政治工作活动和文化活动生动形象、寓教于乐。

4. 建立健全思想政治工作文化融入的制度保障机制

在社会主义市场经济深入发展的今天，推动思想政治工作和文化建设工作，促进思想政治工作的文化融入，已不再能够简单地依靠行政手段，而是要综合利用法律、经济、行政、文化等手段，尤其是要充分发挥法律的作用。建立健全有利于文化融入的思想政治工作制度体系，是推动思想政治工作文化融入、形成良好社会风尚的根本保障。一是对现有的思想政治工作和文化建设的各种规章制度进行全面修订和完善，建立健全多层次、全方位的有利于思想政治工作文化融入的制度体系，将社会倡导的文化道德原则融入思想政治工作和文化工作的各个方面。二是制定和完善有利于思想政治工作文化融入的具体政策措施，引导思想政治工作和文化建设沿着健康有序的方向发展。三是制定和完善思想政治工作和文化建设同步发展、融合发展的政策法规，使思想政治工作和文化建设切实得到法律的保障。四是在制定思想政治工作和文化建设的各项规章制度的基础上，进一步完善思想政治工作和文化建设的工作机制，切实保障思想政治工作和文化建设的各项规章制度得到全面的贯彻落实，保证思想政治工作者和文化工作者都能够切实地履行职责、完成任务，切实地各负其责、协调一致。

第四章　思想政治工作的队伍建设

第一节　思想政治工作者队伍的构成及特点

人们往往把思想政治工作者通称为政工干部，但政工干部的范畴实际上很宽泛。研究思想政治工作者队伍的建设问题，需要对这支队伍的构成及其特点作出界定和分析。

一、思想政治工作者队伍的构成

（一）狭义的思想政治工作者队伍

狭义的思想政治工作者队伍，指政工机构分设时的思想政治工作部门人员的构成。主要包括：宣传干部队伍，如宣传部工作人员；企业文化工作者队伍，如企业文化部工作人员；媒体人员队伍，如企业报刊新媒体人员；思想政治工作研究人员，如思想政治工作研究会机构人员，等等。这些人员，是思想政治工作者队伍的主体和核心，他们的工作最具思想政治工作特征，他们的基本责任就是做好思想政治工作，他们的工作内容就是开展思想教育、舆论宣传、文化培育及思想政治工作研究。

狭义的思想政治工作者队伍是思想政治工作的专业队伍。在党委办公室、宣传部、组织部等政工机构单列设置的时候，宣传部及其从属机构的人员，是专门从事思想政治工作的人员。如市委宣传部召开思想政治工作会议，参加人员一般是宣传部长。

狭义的思想政治工作者队伍可以分为两个层面。其一是专司思想政治工作策划、重大宣传活动组织、思想理论研究等职责的负责人员，他们是思想政治工作的谋划人员；其二是从事思想政治工作事务的人员，如宣传部办事员、企业报编辑、传媒制作、网络技术人员等，他们是思想政治工作各项业务的执行人员。这两个层面的思想政治工作者互为支撑，但第一个层面的人员在思想政治工作中起主导作用，这个层面的人员往往需要较长时间的培养和实践锻炼才能担当责任，不少企业把这个层面的人员作为事务人员配备。

（二）广义的思想政治工作者队伍

所谓广义的思想政治工作者队伍，涵盖所有政工干部，包括：党组织书记、副书记，纪委、党委办公室、宣传部、组织部、统战部等政工机构人员，工青妇等党领导的群团组织人员。目前的"政工师""高级政工师"职称的评定对象，已经从狭义的思想政治工作者扩展为广义的思想政治工作者，这是与时俱进的，适应思想政治工作者队伍构成的变化态势。

广义的思想政治工作者队伍的边界比较宽泛。除了上述政工机构的人员以外，还可包括三个层面的人员：一是兼职思想政治工作的人员，如兼任党委副书记的总经理、兼任宣传部部长的人力资源部经理、与宣传部合署办公的公共关系部人员等；二是配合党组织做思想政治工作的人员，如民主党派人士、形势政策教育研究会和党建研究会等政工类社团的工作人员等；三是承担党的思想政治工作、群众工作、精神文明建设工作、综合治理工作的人员，包括全体共产党员、管理干部和劳动模范等。

广义的思想政治工作者队伍适应时代要求。随着企业改革发展的深化、现代企业制度的完善，国有企业政工机构精简力度加大，思想政治工作者队伍的精简总体上促进了思想政治工作者队伍的转型，提高了思想政治工作的效率和质量。

（三）思想政治工作者队伍构成的复杂性

复杂性之一：专业思想政治工作者基本消失。思想政治工作是一门专业学科，专业的工作应当有专业人员来从事。在 20 世纪 90 年代中期以前，大多数国有企业特别是大中型国企都设有独立的党委宣传部（处），一大批宣传部（处）长是专业思想政治工作者，对思想政治工作十分热爱、十分投入，创造了丰富的思想政治工作经验和做法。20 世纪 90 年代以后，随着部门精简、机构合署、换岗轮岗、人员退休等，国有企业专职思想政治工作者减少，这在一定程度上制约了思想政治工作科学化水平的提高。

复杂性之二：专职思想政治工作者占比较小。专职思想政治工作者泛指企业专职政工干部，党中央曾在相关文件中规定，国有企业专职政工干部按照职工总数的 1% 比例配备，实际上这个比例在一些企业难以达到，一般保持在职工总数的 0.6% 左右，非公企业尤为突出基本上没有专职政工干部的概念和配备。专职政工干部数量的减少，某种程度上增加了政工干部的工作负荷，应付式、被动式、工具式的思想政治工作方式成为"流行病"，但专职政工干部是思想政治工作者队伍的主体和骨干。

复杂性之三：兼职思想政治工作者量大面广。兼职的思想政治工作者或政工干部，一般为"双肩挑"，如兼任党委书记、董事长职务的领导干部；"一岗两责"，如党员总经理既承担经济责任也承担做好经营管理工作中思想政治工作的责任；"多岗多职"，如企业的党委副书记兼纪委书记、工会主席等职务，企业的党办主任兼宣传部部长、组织部部长甚至行政办主任等，而基层的党支部书记基本都兼行政职务。最复杂的兼职，是宣传部部长兼综治办主任，致使宣传部部长用很多精力做企业稳定工作、信访接待工作、突发事件处置工作等，难以集中精力抓本原性的思想政治工作（综合治理工作也要做思想政治工作，但一般是延伸性的思想说服工作，如安抚上访人情绪等）。

在思想政治工作者队伍构成中，应当把队伍建设的着力点放在专职思想政治工作者身上，放在主要精力抓思想政治工作的兼职政工干部身上。

二、思想政治工作者的队伍类别

思想政治工作者的岗位，在职业分类中比较模糊，在实践运行中也比较含糊，但还是有岗位类别可分，有实践规律可循。大致分为五大类。

（一）党组织领导干部的队伍

一般包括：党委、总支、支部的书记和副书记，纪委书记、副书记，兼任行政主要领导职务的委员等。他们负有思想政治工作的领导责任，对思想政治工作的正常有效开展起到关键作用。其中，纪委书记、副书记的职务带有特殊性，一般以负责查案为主，但在开展党风廉政建设、行政监察等工作中也要做好相关人员的思想教育工作，如警示教育、廉洁文化建设等。兼党支部委员的总经理的职务更有特殊性，由于是行政一把手，因此虽然仅兼委员但责任重大，要代表党支部抓好经营管理中的思想政治工作。

（二）党组织机构干部的队伍

一般包括：宣传部门、组织部门、干部部门、统战部门、党委办公室的干部等。他们负有思想政治工作的谋划责任，对思想政治工作的针对性和有效性开展起到重要作用。相关机构在思想政治工作中的作用也有侧重点，如组织部门侧重抓党员及积极分子的思想教育，干部部门侧重抓干部的素质教育，统战部门侧重抓民主党派人士的思想引导，党委办侧重抓政工工作的协调及调研，这些机构的干部在职务上没有进入决策层，却是党组织抓思想政治工作的参谋、助手和智囊，责任和压力都比较重。

（三）工青妇组织干部的队伍

工会、共青团和工会女职工委员会虽然是群众组织，但都是党组织服务群众、做好群众工作的助手。工会、共青团组织还有自身的宣传思想工作内容和任务，企业的民主管理厂务公开工作，维护职工权益和关心困难群体工作等，实际上就是党的思想政治工作的重要组成部分。由于《中华人民共和国工会法》的保护，工会仍然保留独立建制，工会干部产生机制科学、长效，是专业化的工会工作者队伍。由于一些企业员工队伍平均年龄提高，导致共青团组织发展遇到"瓶颈"，共青团干部一般以兼职为主。

（四）思想政治工作研究会干部队伍

作为一个社团组织，诞生于1984年上海的思想政治工作研究会已经萎缩，仅仅在企业及一些二级公司存在并运行。思想政治工作研究会的干部一般为退休的政工干部，人数很少但仍然发挥作用。

（五）宣传文化团体干部的队伍

宣传文化团体干部队伍包括企业报、企业电视、企业网站、企业图书馆、企业博物馆、企业文化中心、企业俱乐部、企业艺术团（歌唱团）、企业摄影、书法、美术、集邮等协会，乃至足球队、篮球队、乒乓球队、围棋队等一系列的宣传文化团体，拥有很少的专职干部（如企业报常务副主编等），活跃着一批兼职为主的骨干队伍。他们在思想政治工作的寓教于乐活动、营造企业文化氛围、丰富职工精神生活中发挥着积极作用。

三、思想政治工作者队伍的特点

当前企业思想政治工作者队伍有五个鲜明特点。

（一）党员占主体

思想政治工作是党的工作，政工干部必须是中共党员，这个原则基本得到遵循。当然，个别工青妇组织的一般干部、一些宣传文化团体的负责人也有不是党员的，但有些是入党积极分子，有些是党组织所信赖的骨干。党员为主体，是思想政治工作者队伍具有战斗力的根本保证。其中，党组织领导干部和党组织机构负责人等党员干部是思想政治工作者队伍中的中坚力量。

（二）文化层次高

由于历史原因，老一代思想政治工作者的文化程度相对偏低，大专文化为主体，许多是在业余大学、夜大毕业或充电后提升文化程度的。这些年来进入思想政治工作者队伍的干部，文化程度比较高，许多企业的党组织书记、宣传部部长、组织部部长等是大学本科，还有研究生和博士生。他们接受过系统的基础教育，吸收新事物的能力较强，为思想政治工作上水平提供了文化支撑。

（三）青年为主力

与文化程度提升相关，当前的思想政治工作者队伍在年龄结构方面趋于年轻，"90后"成为主力军。年轻人视野开阔，反应敏捷，思想新潮，富有朝气，给思想政治工作者队伍带来生机活力。同时，由于思想政治工作是一门实践性非常强的政工工作，需要一定的阅历和经验，年轻政工干部还需要加强实践锻炼和经验总结。

（四）知识面广

新一代思想政治工作者拥有熟练的互联网技能，上网搜索技术很强，真正做到"不出办公室，能知天下事"；喜欢探索未知领域，掌握新信息，研究新问题；交际面广，微信圈的朋友数量众多，等等。老一代思想政治工作者被戏称为"万金油"，就是什么都知道一点，什么都会一点，在为职工排忧解难方面发挥了积极作用。"万金油"就是现在的"知识面"，知识面越广，思想政治工作者的引导力就越强。

（五）执行力强

因为学历较高，所以领悟力强；因为能够领悟，所以执行力强；因为执行力强，所以动手能力强。新一代思想政治工作者的文件撰写起草、会议组织安排、活动协调布置、信息输送沟通、工作检查督办等能力比较强。一些政工干部还能够创造性地执行，丰富了思想政治工作的方式方法。

第二节　思想政治工作者的素质和能力建设

思想政治工作者队伍的素质和能力，是做好思想政治工作的必要条件。虽然思想政治工作者队伍总体上呈现党员占主体、文化层次高、年轻为主力、知识面广、执行力强等特点，但与形势任务的要求相比，仍然存在差距，需要把提升思想政治工作者的素质和能力作为队伍建设的着力点。

一、素质建设是思想政治工作者队伍建设的重中之重

素质，是思想政治工作者的基础性条件。虽然思想政治工作者也是职场人员，但其创造的劳动价值与其他职场人员不尽相同，因为思想政治工作者的劳动价值体现在人的觉悟提高、人的全面发展等方面。所以，思想政治工作者的素质无论在内涵还是在外延上都要高于其他职场人员。

（一）政治品格立身

思想政治工作是和党的使命联系在一起的工作。就本质来说，思想政治工作具有鲜明的党性特征。思想政治工作者素质的核心是政治素质，就是以政治品格立身。

1. 坚持党性原则

面对各种现实的思想和矛盾，思想政治工作者应该有自己独立的思考和判断，在大局、大势、大事上应当相信党中央，与党中央在政治上保持一致。强调思想政治工作者的政治品格立身，并非要求思想政治工作者成为党的"驯服工具"，而是要求思想政治工作者在大是大非面前必须高度主动、高度自觉、高度负责地与党保持一致，不能发表和散布不利于党的领导和党的事业的言论，确保自己所从事的思想政治工作服务、服从于中国共产党的领导。

2. 坚定理想信念

当前坚定理想信念集中体现为坚定中国特色社会主义理想信念，增强道路自信、理论自信、制度自信。不仅要全面把握、深刻领会中国特色社会主义理论体系，而且能在实践中充分运用中国特色社会主义理论体系。当下社会思想活跃、思潮激荡，其中不乏贬低、否认中国特色社会主义道路、理论和制度的声音。思想政治工作者必须保持头脑清醒，坚定理想信念，勇于和善于维护中国特色社会主义发展大局，需要时能够挺身而出，为党的奋斗目标贡献一切。

3. 崇高的职业追求

崇高的职业追求是思想政治工作者的政治品格在从业态度上的鲜明体现。由于种种原因，社会上存在忽视思想政治工作的现象，一些单位一些领导人员也存在忽视甚至排斥思

想政治工作的情况。这些现象和情况，对思想政治工作者既是压力也是挑战，更是意志的磨砺。我们既要深刻总结过去"假大空"思想政治工作的教训，放低思想政治工作者的身段，又要深刻认识思想政治工作新的使命和目标，增强思想政治工作的责任感和光荣感。要始终以一种执着的态度，把思想政治工作作为一种事业，作为自己崇高的职业追求。只有把思想政治工作当作事业做，当作学问做，才能做出成效、做出成绩、做出社会对思想政治工作的尊重、做出人们对思想政治工作者的尊敬。

（二）思想水平见长

思想水平和政治品格有联系，又有区别。政治品格依赖思想水平而变得丰富和精彩，思想水平又以政治品格为基础而体现深度和穿透力。思想水平是思想政治工作者个性的核心部分。从原则上来说，所谓思想水平就是马克思主义的理论水平，包括对马克思主义哲学、政治经济学、科学社会主义理论的理解和融会贯通能力。从实践上说，思想水平更多是对马克思主义方法论的理解和运用的本领。

1．有思想才有影响力

在市场经济体制条件下，人们认可思想政治工作者的教育引导，不是看你喊什么口号、读什么文件、传什么精神，而是看你的思想、你的观念、你的视野，唯有思想深刻、见解独特、分析精辟，才能使别人信服。思想政治工作者要努力提升自己的思想高度，用思想的力量、思维的能量、思路的增量吸引人，吸引人才能影响人、引导人。"你的思想这样的酷"，能够受到人们如此点赞的思想政治工作者，也是一种素质的能耐。

2．讲真理才有说服力

思想水平的重要体现是思想政治工作者是否掌握真理，真理是思想的底气。所谓真理，就是对事物运动规律的正确认识和表达。真理的内涵是客观的，表述形式是主观的。真理具有必然性的内核，所以真理是不可抗拒的，所谓"有理走遍天下，无理寸步难行"，讲的就是这个道理。思想政治工作者把握了真理，就赢得了说服人的逻辑起点。无论是政治、经济、社会等宏观大事，还是日常生活和具体工作中知微见著的小事，都有真理性的问题。同时，由于真理是具体的、发展的，人们的认识不可能穷尽真理，思想政治工作者也不可能是真理的化身。但是，相对于你的工作对象，一定要体现你所说的道理的正确性和准确性，使自己的思想具有底气。现在有些政工干部感到工作难做，说到底是缺乏真理性从而失去思想的底气。依靠真理性增强思想底气，也是思想政治工作者的立身基石，没有底气的思想政治工作者是无法影响工作对象的。

3．显深刻才有感召力

真理要使人接受，不是靠一个结论、一个概念的反复宣教，而是靠真理所蕴含的深刻思辨、深邃思考让人信服。思想政治工作者的工作价值，就在于帮助人们认识真理的深刻性，而要帮助人们认识真理的深刻性，思想政治工作者自己必须理解真理的深刻性，学会对事物进行细分解构，梳理其内在关系，揭示事物发展的必然趋势，把握真理所揭示的客观规律。深刻，是思想政治工作者思想水平高的标志，一个思维敏锐、思想深刻的政工干部必然拥有感召力，让人相信他所宣传内容的真理性。

（三）科学态度至上

政治品行和思想水平都取决于科学态度。一个不讲科学、不认科学、不懂科学的思想政治工作者不可能以政治品行立身，达不到以思想水平见长。科学态度，是思想政治工作者素质的重要构件。

1．科学摒弃马虎和虚伪

值得注意的是，有些人不认为思想政治工作是一门科学，似乎思想政治工作就是玩虚的，哪能那么严谨和细实。这是一种误解。科学态度强调对客观事物认知的精准，即"是什么、不是什么"有明确边界，不能模糊不清，不能张冠李戴。在实际工作中，确实也有一些思想政治工作者不追求精确，布置、总结工作总是用"结合"之类的"捣糨糊"的话，掩饰工作的浮躁和表面。我们要摒弃马虎和虚伪的非科学态度，不搞"大呼隆"的活动，不搞"高八度"的说教，把握住思想政治工作的规律。思想政治工作只有成为一门科学，才有生命力，才能基业长青。

2．科学需要分析和洞察

科学的态度体现在对人和事的科学分析上。分析好，大有益。掌握了科学的分析方法，思想政治工作就不会变成毫无说服力的空话堆积和教条标签。分析准、分析对的基础性条件，就是思想政治工作者"深邃的眼光"，就是人们通常说的认识世界、观察世界的本领。

（四）人文素质塑形

人文素质在当今社会显得尤为重要，它是人们交往认知的第一张名片。人们相互之间是否彼此接受，人文素质是首要因素。思想政治工作是做人的工作，如果缺乏人文素质，就会丧失话语权。

1．人品要高尚

人品，通俗的理解是人的品质，实践中较为突出的是诚信、正直、友善等核心要求。诚信就是真诚、真心。诚信是人们关注第一位的品质。言而有信，说一是一，说二是二；坦率诚恳，不糊弄人、不算计人、不整人、不坑人，能够诚信待人。政工干部尤其要讲诚信，在诚信方面输了理，就是输了政工干部的基本形象。正直就是服从真理、伸张正义，不畏强暴、不畏权贵、不阿谀奉承，任何时候任何情况都讲正气、正义，堂堂正正做人。友善就是团结、和谐、和气。政工干部并不是老好人，也不是什么事情都讲一团和气。处在复杂环境中的政工干部要得到各方面的认可，必须是无私的、客观的、公正的，必须是襟怀坦白、毫无偏袒的。思想政治工作者的人品不同于一般的人品要求，它是建立在鲜明党性基础上，以人民利益为中心，实现这种人品要求，就赢得了做好思想政治工作的基本前提。

2. 心态要平稳

无论是顺境还是逆境；无论听到好话还是传来恶言；无论遇到表扬还是批评，都要保持一种阳光、豁达、包容的状态。做到这一点很不容易，但这些心态是思想政治工作者的重要特质。思想政治工作者面对各种各样的人，他们自身的知识和经验不同，对同一件事情的看法不可能一致，因此，思想政治工作者在与外界的思想、处事、人际交往中会发生许多碰撞，常常遇见肯定与否定、赞赏与嘲讽、认同与反对的人和事。对于这些情况，思想政治工作者如果太情绪化，太容易极端，计较和在乎别人怎么看自己，必然举步维艰、苦恼万分。思想政治工作者要禁得起委屈、禁得起指责、禁得起抱怨，始终保持阳光心态，牢记道路是曲折的，前途是光明的；给人以阳光，用正能量的希望激励他人。对来自社会甚至是上级领导的不顺意说法，不要过于计较。自身情绪波动导致的不良影响，远远大于外界矛盾冲突带来的负面反应。心态决定一切，思想政治工作者应当牢牢记取这个道理。

3. 修养要提升

修养，通常指自警、自省、自律的自觉约束意识及其善于克己的行为方式。它和人品、心态有密切联系，又更具本质性，它是优秀人品和良好心态的内核，又是提升人品和心态的基本途径。古人有所谓"修身治国平天下"的说法，修身即是成就事业的必备要求。思想政治工作者要自觉修炼事业之心，志存高远，不为私利处心积虑；自觉修炼人本之心，见性见心，堂堂正正与人为善；自觉修炼宽容之心，团结互助，懂得共处共赢做事之道；自觉修炼正派之心，走正路，健康处事，不陷"山头""团伙"泥坑；自觉修炼奋斗之心，精神饱满，始终保持工作激情；自觉修炼无极之心，积极进取，在历练中感悟人生跨越自我。

（五）情感付出凝心

1. 以情感增强感染力

深入观察思想政治工作影响人的过程，人们不难发现，不少情况下，有道理未必就能做好人的工作。思想政治工作的真理性是基础，但只有真理的基础未必能够奏效。其原因在于人们在接受外界思想影响的过程中，还有利益、情感、文化习惯等因素发生作用。情感文化影响人的思想的分量越来越重，只讲道理但缺乏情感已经行不通了，思想政治工作要做到以情感人。

2. 以形象增多亲和力

有形象才会有感觉。现实社会人们更多以实际感觉决定是否接受外界思想的输入，如果不能首先在感觉上打开受众的门户，思想政治工作是很难奏效的。这种感觉主要体现在两个方面，一是你的个人形象是否给人以好感，二是你说的事情能否与人们现实生活的实际感受吻合。思想政治工作者如果不能适应这种感觉，只顾及自我目标即宣传教育任务的实现，不仅很难影响人还会导致反感。思想政治工作者要熟悉实际情况，确立自身良好的人文形象，增强亲和力。

3．以真实增添吸引力

无论是政治教育还是经济宣传，无论是道德教育还是理论宣传，启动人的认知冲动都是第一位的，思想政治工作者要善于激发人们的认知冲动。人本意义的良知，是人们交流与相互影响的基石，这种良知的突出之点是"真实"。现在的社会存在假冒伪劣及诚信文化缺失，体现在政治思想领域的就是"说的与做的不一致"。基层老百姓是最真实的，也最认知真实，思想政治工作离开真实两个字就远离了老百姓，就失去生命力。思想政治工作者要尊重现实、尊重事实、尊重客观，以真实的理论、真实的思想、真实的实践、真实的故事吸引人、打动人。

4．以开放增加辐射力

开放心态也是一种情感。思想政治工作者要比一般人更开放，把自己的"心"向工作对象开放，让人们感受到你想法的真诚、你宣传的真切、你教育的真对；把自己的"脑"向世界开放，使全球的信息、全国的大事、当地的新闻等存储进你的"脑库"，以备不时之需；把自己的"胸"向社会开放，始终以平和心态看待五花八门的社会现实，让各种群体了解你的胸怀、了解你的为人、懂得你的思想、采纳你的建议。很难想象，一个只会按照上级文件照本宣科的政工干部能够做好思想政治工作。思想政治工作者要对外界事物保持强烈兴趣，对各种思潮进行了解分析，对社会生态有所探讨研究，增强思想政治工作的辐射力。

二、能力建设是思想政治工作者队伍建设的基本任务

素质包含部分能力要求，但能力与素质全然不同。素质主要指政治素质、思想素质、人文素质等，能力主要指决策能力、协调能力、办事能力等。思想政治工作者队伍建设不仅仅看重素质建设，也要重视能力建设。

（一）决策能力建设的要求

任何工作都存在决策环节。思想政治工作是党的重要工作，也需要对重大事项进行决策。

1．谋划总体思路

思想政治工作与精神文明建设、党建工作等其他党的工作一样，需要谋划年度工作的总体思路，谋划阶段性工作的总体安排。特别是国有企业党组织要履行党章赋予的"领导思想政治工作"的职责，必须对思想政治工作提出总体思路及实施规划；党组织书记及职能机构负责人必须具备提出总体思路、制定实施规划的基本功。在实践中，可以借用外脑

即咨询机构帮助完成诸如企业文化建设纲要制定、思想政治工作课题调研任务等，但基本上应当由企业政工干部谋划思路、确定任务、制定规划。思想政治工作者要勤学习、善思考、多谋略，要谋大局、明大势、想大事，成为思想政治工作的策划师，开拓思想政治工作的新局面。

2. 善决重大事项

思想政治工作也有重大事项需要决策，如形势任务宣传教育活动的主题、企业文化发展战略的制定实施、国资国企改革的宣传工作、突发性事件的舆情应对，等等。思想政治工作者要善于审时度势、把握机遇，适时做出决策，明确目标任务，制定工作方案。思想政治工作的许多事情看似虚，做起来是实的，需要环环相扣、步步为营、与时俱进，不善于决策重大事项的政工干部，充其量是一名办事人员，其职业生涯发展的路径只能是狭窄的。思想政治工作者要勇于成为"做大事"的人，而做大事的人一定是善于决策重大事项的人。

3. 形成决策合力

思想政治工作的决策事项，单单依靠党组织及政工机构是不行的，一定运用党组织在企业中"参与决策"的政治核心地位，把握决策思想政治工作的主动权和话语权，形成决策合力。在这方面，党组织书记、副书记等领导干部处于关键位置，能够统筹领导班子的决策资源，引导企业法人治理结构支持思想政治工作的决策，配合党组织落实决策事项。不能把思想政治工作决策权下移到政工机构，更不能因为企业体制因素放弃思想政治工作的决策权。党组织书记、副书记的思想政治工作决策能力，是政工干部思想政治工作能力中的关键性能力。

（二）协调能力建设的要求

企业思想政治工作的任务繁重，工作头绪很多，需要增强思想政治工作者的协调能力，举重若轻地完成。以企业党组织最常用的主题实践活动为例，需要政工干部通过协调能力实现目标。

1. 主题的协调确定

思想政治工作的主题活动都是从实践中发现和产生的，这就需要政工干部具备丰富的实践经验，善于提出符合企业实际的活动主题。同时，这类主题活动能否顺利推进并产生成效，相当程度取决于领导层的认同程度，这就需要政工干部与组织领导层面进行汇报、沟通；党内的主题活动不可能仅仅限于党员层面，往往因为主题活动必须推动经济发展而要取得行政领导及经营管理部门的支持，这就需要政工干部与相关领导及部门进行沟通，等等。确定一项主题活动很容易，但顺利做好主题活动立项过程中的协调事务很不容易，其中的艰辛付出许多政工干部都体验过，这也是思想政治工作者的基本功。

2. 资源的协调获取

开展思想政治工作的主题活动必须有相应的资源配套，但当前企业思想政治工作已经不具备过去那种一呼百应的条件，大量的工作资源需要通过政工干部的努力，在争取中获得。物质性的，如资金的投入、装备的给予、人员的支持等；时间空间性的，如会议的确认、空余时间的让路、活动地点的保证等，都需要横向或纵向条线的理解和支持，而各方的理解和支持离开周密细致的协调是很难的。

3. 活动的协调管理

思想政治工作的主题活动在其展开过程中有督促、检查、评估等环节，存在繁杂、具体的协调管理工作。提出一项思想政治教育主题活动的任务并不难，难就难在具体实施过程中能否真正把教育的初衷贯彻始终。这些工作并不完全是思想性的，大量是与协调相联系的管理工作。思想政治工作者缺乏协调能力，直接影响主题教育活动的推进和完成。

（三）办事能力建设的要求

从实践角度考量思想政治工作，它是一门动脑和动手相结合的工作。只会想，不会说；只会说，不会写；只会计划，不会操作，都难以做好思想政治工作。办事能力是构成思想政治工作者能力系统的重要部分。主要是三个能力：

1. 能说

说话似乎不应该成为问题，但善于说话却是一门大学问。一句话可以使人笑，一句话也可能叫人哭，说话是思想政治工作者的看家本领。除了言辞修饰的准确性以外，特别重要的是用群众语言做群众的思想工作。说话的技巧，一要角度新，切入角度新颖，给人喜闻乐见的吸引力；二要感觉实，使人产生设身处地的感受；三要说理浅，能用通俗易懂的语言揭示事物的本质；四要会幽默，用别具一格的表达给人以启发；五要语境与场景统一，场景是给群众的现实感觉，语境是说话内涵所展示的意念环境，两者统一引人入胜；六要多用比喻典故，一个生动形象的比喻往往胜过一千个道理；七要懂得激励人，一句发自内心的鼓励，可以变成激励他人的动力；八要多讲大白话，努力提炼群众口语；九要善于设身处地，把自己摆进去讲感受、讲体会，使听众更认同。

2. 会写

写和说不一样，它要求更加准确、更加逻辑化。思想政治工作者离不开写作，善写、能写、写好文章是一个政工干部成熟的标志。当前，许多政工干部有一定的写作基础，但并不等于掌握思想政治工作的写作要求和特点。思想政治工作的写作与党性要求和职业特点相适配：一是鲜明的政治性，需要掌握党和国家的方针政策，不是想写什么就能写什么；二是理论与实践的结合性，既有理论性，又有现实性，不是简单的工作描述；三是体裁的专业性，如宣讲材料、总结报告、经验介绍、调研报告、活动评述、党建小故事等，不同体裁有不同的写作要求，并不是会写文章的人就能写好的；四是对象的认可性，思想政治工作文章的阅读对象有上级领导，有单位同事，有普通群众，只有得到不同对象认可的文章才是对路的；五是背景的时代性，要紧跟形势变化，用最新的词句增添文章的时代性，等等。政工干部要把握思想政治工作文章的特征，努力表达丰富的语言特色和逻辑内涵，写好政工文章。

3. 会策划

策划是思想政治工作者必须掌握的技能。现代意义的思想政治工作越来越趋向于社会、组织、传媒、文化等要素的综合运用，如何通过多要素运作策划思想政治工作已经成为政工干部必备的素质。所谓策划，是谋和划的布局。它不同于工作计划，需要智慧和思考；也不简单等同于谋略，而是细腻和系统的操作性方案。策划是一门学问，如果说思想是前提、感觉是门户、交融是影响，那么公关关系则是润滑剂。在合作中发现和创造机会，顺势做好思想政治工作，是思想政治工作策划的要义。

第三节　提升企业思想政治工作者素质能力的方式

加强企业思想政治工作队伍建设，提升这支队伍的素质能力是一个系统工程。思想政治工作和党的路线方针政策紧密相连，又和不同层次不同单位发展状况和目标融合一起。因此，这支队伍的建设需要注意各方面的关联性和协同性。

一、加强组织培养选拔机制建设

思想政治工作者队伍的组织培养和选拔制度，在思想政治工作队伍建设中带有基础性。离开了这一机制的建设，加强思想政治工作者队伍建设只能是空话。

（一）建立政工干部成长机制

实现价值增值是人们考量职业成长的基本坐标。政工干部的价值增值，反映在物质待遇、职级提升、群众评价等方面。从专业角度看政工干部的培养和选拔，就是要加强政工干部成长机制的建设。

1. 搞好政工职业生涯设计

职业生涯设计是现代人力资源管理的重要组成部分。与传统用人方式的区别，在于它把过去看来是隐秘、敏感的问题公开化、程序化。通过组织与个人的协商，为从业者个人发展描述清晰的路径，使从业者对自己的未来有目标、有底数，能够掌握自己的职业规划。职业生涯设计激发从业者的工作热情，释放从业者的潜在能量。思想政治工作者的职业与其他从业人员有所区别，但同样可以进行职业生涯设计，如为政工干部提供角色、岗位、层级、薪酬等方面的职业生涯发展规划。随着民主选举、市场招聘等选拔机制的日趋完善，干部成才之路不断拓宽，通过职业生涯设计规划助推政工干部成长是完全可行的。

2. 建立职业阶梯发展平台

思想政治工作者的水平有高低，能力有大小，阅历有深浅，为政工干部建立职业晋升阶梯提供了可能。当前，企业政工系列职称评审机制已经为思想政治工作者提供了发展的平台，但还需要进一步完善，建立政工职业规划发展的其他平台，如按照政工干部的工作情况等建立思想政治工作者的"年功认可"制度，把政工干部获得"优秀思想政治工作者"、市一级嘉奖等荣誉，与职业规划发展紧密挂钩。如此，能够更好地激励政工干部热爱政工、献身政工。

3. 完善政工价值认可体系

一些企业针对人才难留住的问题，提出"事业留人、感情留人、待遇留人"的口号，这"三个留人"的内涵可以构成政工价值的认可体系。事业留人，是政工干部的作用价值，组织和领导要重视政工干部的地位和作用，不能让政工干部感到被边缘化；感情留人，是政工干部的为人价值，组织和领导对政工干部的情感回馈，是其人格的价值；待遇留人，是政工干部的能力价值，组织和领导要用与政工干部能力相匹配的薪酬待遇，充分体现其劳动价值。政工价值认可体系，可以是有形的如建立政工干部价值评估指标体系；也可以是无形的，如组织和领导创造多种表达形式，包括参与重要课题研究、通过电子邮件肯定其成绩、个人困难得到及时帮助等，使政工干部感到亲切和温暖。

(二) 遵循成长规律培养政工干部

1. 遵循"实践成长"的规律

由于思想政治工作是做人的工作的，涉及人的问题多样、复杂，往往因人而异、因单位而异、因地区而异，因此思想政治工作很难像其他专业那样，可以套用某些公式开展工作。所谓"一把钥匙开一把锁"，就点出思想政治工作的个性特征。所以，培育思想政治工作者的关键就是把他推向实践，帮助他积累经验，通过厚实的阅历达到得心应手的境界。遵循"实践成才"的规律，建立培训与实践相结合的培育机制。

2. 遵循"基层成才"的规律

政工人才有其专业性的基本要求，但最基本的要求是具有基层工作的经验。思想政治工作的重点在基层，缺乏基层工作经验，缺乏基层岗位锻炼，缺乏应对基层复杂情况的经历，政工干部很难成长起来。对政工干部自身来说，要克服急功近利、急于求成的认知和情绪，乐于到基层锻炼，并把应对基层各种矛盾问题作为自己成长历练的最好过程。

3. 遵循"流动成长"的规律

岗位流动是政工干部锻炼的重要方式，通过岗位流动，可以拓宽政工干部队伍的结构，有利于政工干部丰富实践经历。尤其在企业，一定的经营管理实践对政工干部成长十分有益，要鼓励和支持政工干部到经营管理岗位轮岗从事其他专业的工作，同时也要鼓励其他专业人才轮岗从事思想政治工作。任何岗位，流动是绝对的，固定是相对的。轮岗是一种流动，换岗是一种流动，优胜劣汰也是一种流动。"流水不腐"，流动是现代社会人才成长的规律性现象，思想政治工作者的培育和选拔也要在流动中进行，不必担心政工干部在流动中流失，只要组织和领导对政工干部的培育是真诚的，大多数政工干部会在流动中成长和成熟起来。

（三）运用管理机制培育政工队伍

1. 完善资源要素配置机制

管理的实质是资源要素的配置，思想政治工作者队伍建设，也有管理问题即资源要素的配置。一是培训资源。思想政治工作者的培养，需要培训资源与其相匹配。党校、干部学院是最主要的培训资源，党校、干部学院应当开设专门针对政工干部的培训课程。二是制度资源。应当把政工干部培养选拔等制度作为思想政治工作制度体系的核心制度不断完善，并且依据需要拓展制度内容，用制度确保政工干部培养选拔工作的科学性和长效性。三是物质资源。培养思想政治工作者需要物质资源的支撑，特别是资金支持，如给予政工干部进修经费、政工干部购买书籍费用的报销等。还包括增添摄影器材、信息化工具等，为政工干部制作微电影、视频、网站等提供支持。

2. 完善政工绩效管理机制

思想政治工作是做人的工作，这个人，包括思想政治工作者自身。只有先做好做人工作之人的工作，充分调动他们的积极性、主动性、创造性，才能做好其他人的工作。调动政工干部积极性的关键，在于完善政工干部的绩效管理机制，包括薪酬激励、岗位评价和业绩考核等制度。组织和领导可以建立政工干部业绩考核机制，对政工干部的工作量、工作水平、工作效果等进行考核，做出客观评估，在此基础上进行奖惩。绩效管理是一种导向，管理得到位能够激发政工干部的潜能。

3. 完善奖惩激励管理机制

政工干部的整体思想素质相对较高，但他们也是人，也会出现懈怠、拖拉和无所作为现象，也需要通过奖惩机制进行督查和激励。奖要奖到位，使事业心强、勇于负责、有所作为的政工干部得到充分认可和回报；惩要惩到要害，使那些工作不到位的政工干部得到应有的批评和鞭策。只有这样，思想政治工作者队伍才能保持朝气和生命力。

二、探索政工干部自我成才道路

思想政治工作者真正能够成才，贵在他们自身的努力。组织和领导要探索政工干部自我成才的道路。

（一）潜心钻研业务，做明白事理的政工人

"才"，从来都是具体的。思想政治工作者的才，主要体现在思想政治工作业务水平，而这种业务水平很大程度体现在他们为人处世的水平上。思想政治工作者应该是一个明白人：一是识大势、明方向，能够顺应时代潮流发挥自己作用。只有正确认识形势，才能正确把握形势；只有正确把握形势，才能发挥思想政治工作作用。二是善谋局、会协调，能

够在不同情况下赢得主动。在各种复杂情况下保持清醒头脑，妥善处理各种关系，有效开展思想政治工作。三是抓关键、做实事，对各项工作能够想清楚。绝不以其昏昏，使人昭昭，有效克服"无用功"现象。成为思想政治工作的明白人，要在掌握思想政治工作系统知识、把握思想政治工作理论体系上下功夫，达到"什么也难不倒我"的炉火纯青地步。

（二）拓宽活动领域，做广泛的社会人

广义地说，所有人都是社会人；狭义地说，所谓"社会人"指的是与社会发展、社会管理、社会地位等联系在一起的人。从本质上来说，思想政治工作是一门超越本单位工作领域的社会科学。离开社会整体的要求，单位的思想政治工作就会失去方向。思想政治工作者要高度关心社会的发展，要积极参加与自己工作相关的各类社会科学研究活动，努力学习借鉴社会科学的新知识新理论；要善于密切与社会科学各方面的联系，善于借用外脑促进本单位思想政治工作；要正确认识和妥善处理参与社会活动和本单位工作的关系，赢得单位领导的支持。

（三）勇于探索创新，做永不满足的研究人

相比其他专业，思想政治工作探索创新的重要性更加突出。对思想政治工作者而言，探索创新精神是一种必备的素养，是一种思维方式。当今世界，网络社会，每天都给你海量的思想材料，每天的变化都对正在进行的思想政治工作发生影响，思想政治工作从内容到形式不能够一劳永逸、一蹴而就。思想政治工作者应当牢固树立不断有所发现、有所变革、有所作为、有所进步的意识，把"探索创新"作为自己特有品格、特殊能力，主动介入、主动设问、主动研究与思想政治工作密切相关的课题，在研究和实践中提升自己的能力。

三、在自我修炼中加快成长

真正成为一个优秀的思想政治工作者，需要超乎平常的用心精神，这种用心就是一种自我修炼。

（一）多读书，渴求新知

读书是现代人的鲜明特质。但读书的目的各有所异。对思想政治工作者而言，读书不是为了舞文弄墨，不是"书中自有黄金屋"的俗流，而是契合思想政治工作的追求新知。在社会发展变化超过历史上任何时候的当下，持续的读书学习是基本对策。政工干部在专业读书学习的基础上，要善于处理好精读书与广见识的关系。要选择哲学、历史、文化等经典著作深入研读，着力在思想方法、基本观点等方面融会贯通、触类旁通。要与时俱进地读书学习，充分运用网络等现代媒体，博览群书，以应需要。读书好，大有益。思想政治工作者一定要从事业的视角，不断增进对读书的情感，强化持续读书的习惯。

（二）细观察，见微知著

实践之树长青，但为什么有的人通过较少实践就大有长进，而有的人长期泡在工作中

却少有长进呢？关键在于当事人是不是善于细致观察、迅速发现、努力把握。世事曲折是分层次的，在实践中可以感觉的是现象，是表浅，如果对感觉麻木，或者止步于感觉层面，再多的实践也是岁月流逝而已，没有什么价值。俗话说"细节决定成败"，那是从管理的严密角度讲的；对思想政治工作者来说，工作中要细腻观察，见微知著就有真才实学了。

（三）勤思考，体现睿智

这里的思考，侧重指与实践联系在一起的理论思考。观察包含思考，但不是思考全部。理论思考不是在感觉层面，也不是简单发现，而是在实践基础上以学理为依据的逻辑推理过程。思考的重心，是对事物本质的认识，并在把握事物内在关系及其运动变化规律的基础上，对事物做出揭示和预判。由于思想政治工作本身涵盖思想理论，因此思想政治工作者必须具备较高的理论思维能力。有人说，现在讲理论没有人要听，这是一个误解。渴求理论新知是人类文明的一种必然。理论的魅力高于一般的思想，理论思考能使政工干部实现思想升华，思想政治工作者要明白这个道理。

（四）善总结，历练成长

"工作总结"，是事业发展的阶梯，是人生成长的加油站。思想政治工作的总结，是对已做工作的一种俯视，更是对工作规律的一次揭示。由于思想政治工作不同于生产经营，也由于思想政治工作的效应往往是潜移默化的，"工作总结"就成为显现思想政治工作作用的基本形式，成为深化思想教育的必要环节。对思想政治工作者个人来说，善于总结是事业发展、自身成长的途径之一。

第五章　思想政治工作
在企业文化建设中的作用

第一节　企业思想政治工作与企业文化概念

一、企业文化和思想政治工作的定义

思想政治工作是建立良好的企业文化的前提之一，只有在前期做好员工的思想政治工作，企业文化建设才会得到更为广阔的发展空间；唯有有效地发挥思想政治工作所具有的指导作用，企业文化建设才能取得良好的成效。

（一）企业文化的概念

实际上，企业文化就是指一个组织的价值观、道德、愿景、行为和工作环境，从某个层面来讲，关系着企业在将来的发展，影响着企业的生死存亡。可以说，良好的企业文化对企业发展具有重要的促进作用；而不良的企业文化将会对企业所具有的组织功能起到限制作用。

立足于广义的角度来看，在社会文化当中，企业文化属于一个子系统，属于亚文化的一种。企业文化主要反映其在生产经营所需要的物质基础，以及产出的产品还有服务等方面上，体现出了企业在组织管理，以及生产经营等方面的特色上，能够在具体的生产经营活动中，将企业所坚持的战略目标，形成的群体意识，以及价值观念还有行为规范等体现出来。透过企业文化，我们可以对整个社会的文明程度加以了解，在当代文化中属于一个新的生长点。立足于狭义的角度来看，企业文化主要表现在人本管理理论当中的一个最高层次。一般来说，企业文化比较看重人文因素，也比较重视精神文化所具有的重要作用，以期通过文化力量构成行为准则，形成一种价值观念，并构成相应的道德规范，从而增强员工的归属感，增强企业的凝聚力，充分发挥员工所具有的积极性以及创造性，从而引导员工积极地为企业以及社会贡献自身的力量，同时借助不同的渠道促进社会文化的发展。

总的来说，我们能够这样来定义企业文化：企业文化的核心内容是企业管理哲学以及企业精神，它有助于增强员工的归属感，增强企业的凝聚力，充分发挥员工所具有的积极性以及创造性，此外社会文化对其具有重要的影响以及制约作用，是经济文化的载体，是企业规章制度以及相应的物质现象。

（二）企业思想政治工作的含义

所谓的思想政治工作指的是在日常政治工作当中属于思想性的那一部分，还有思想工作当中属于政治性的那一部分。对于思想政治工作来说，思想政治教育属于其中的一项基本内容，通常情况下，思想政治教育基本上就相当于思想政治工作，能够互换。简而言之，思想政治工作指的是相应的阶级，以及政党，还有社会群众这三者之间通过相应的思想观念、政治观点和道德观点，有一定的组织、计划，以及目的来影响其成员，从而引导他们形成良好的思想品德，符合社会、阶级的需要，促进社会实践活动的不断发展。

建党 100 多年来，党在思想政治工作方面积累了丰富的经验，对于我党来说，是一项优良传统，并且具有明显的政治优势，对于经济工作，还有别的各项工作而言，相当于生命线的作用，尤其在改革开放后，中国共产党从未忽视思想政治工作在经济发展中的重要作用。中共中央办公厅、国务院办公厅转发《中央宣传部、国务院国资委关于加强和改进新形势下国有及国有控股企业思想政治工作的意见》的通知，其中明确指出了在现阶段，加强和改进新形势下企业思想政治工作的总体要求：高举中国特色社会主义伟大旗帜，深入贯彻落实科学发展观，紧紧围绕党和国家工作大局，紧紧围绕建设社会主义核心价值体系，紧密结合企业生产经营、改革发展中心任务，坚持解放思想、实事求是、与时俱进、开拓创新，坚持党的全心全意依靠工人阶级根本方针，坚持以人为本、尊重人理解人关心人，坚持把解决思想问题与解决实际问题结合起来，贴近实际、贴近生活、贴近群众，创新内容形式、创新方法手段、创新体制机制，努力提高国有企业思想政治工作科学化水平，培养和造就有理想、有道德、有文化、有纪律的社会主义劳动者，为推动企业科学发展、促进社会和谐稳定作出新贡献。

二、企业文化和思想政治工作的关系

（一）企业思想政治工作在企业文化建设中必不可少

在对思想政治工作所具有的现实意义加以认识的时候，一定要立足于思想政治工作同相应的文化工作之间所存在的辩证关系。实际上，思想政治工作称得上是上层建筑，属于意识形态范畴。就是指通过人类史上较为科学的世界观还有方法论来对人加以教育和启发，帮助人们脱离各种谬误，摆脱偏见，从而更加理性地去认识世界，不断提高改造世界的能力。所以，企业改革的实现，以及企业的进一步发展，都离不开思想政治工作。

首先，对于企业文化而言，思想政治工作相当于"灯塔"。立足于哲学的范畴，物质决定意识，意识对物质具有反作用，特殊条件下，精神能够对物质的发展起到决定性的作用。因此，思想政治工作能对企业也具有能动性地反作用，能够有效地促进生产力的发展。由此可见：思想政治工作是"精神"范畴，而企业生产力是"物质"范畴，两者属于有机的统一体，具有相辅相成的作用。因此，只注重物质，而忽视了精神的做法，是不可取的，是不利于企业发展的，因此企业必须对自身生产力以及思想政治工作加以足够的重视。

其次，对于企业文化来说，思想政治工作具有指导性的作用。实际工作中，思想政治发挥着重要的作用，并且取得了明显的成效。对于企业而言，其各方面的管理工作一直存在着思想政治工作的指导。可以说，对于企业而言，思想政治工作对其自身的稳定，以及进一步的改革，还有持续的发展具有重要的保障作用。

再次，思想政治工作有助于企业顺利地开展其他各项工作。一些人说过：对于小企业来说，效益是关键；对于中企业而言，品牌是关键；对于大企业而言，文化是关键。此种说法是具有一定的道理的，刚刚创建的小企业，管理比较容易，所以就会取得较好的效益，随着企业的发展，人员结构日渐多元化，所以组织机构越来越复杂，这时思想政治工作就至关重要了，唯有如此才能增强员工的凝聚力，促进企业的持续发展。

（二）企业文化建设是企业思想政治工作的有效载体

当前，我国的改革开放事业在不断推进，市场经济体制也不断完善，所以整个社会逐步走向开放，整个社会发生了显著的变化，日益转变为现代型的社会。当今社会的重点就是密切关系到自身利益的经济问题；社会出现的诚信缺失问题；价值选择呈现出明显的多样性以及模糊性，所以员工具有较强的自主意识以及法律意识，过于重视个人主义以及功利主义，并且他们的文化背景有差异，所以思想政治工作面临着严峻的形势。

以往的载体具有较强的政治性，并且形式僵硬，人情味儿不足，无法同时代的发展需要相适应，脱离了社会潮流。倘若得不到员工的认可，那么就无法实现内化，就难以实现预期目标，无法促进社会还有企业的发展。尽管也曾出现了部分载体，比如说以活动为载体，然而过于重视形式，缺乏必要的内容；将管理当作载体，会使员工产生疏离感，过于重视结果，相对忽视了过程，就无法强化思想政治工作。现代企业文化坚持将企业理念当成核心内容，这无疑增添了思想政治工作的活力，有助于发挥思想政治工作所具有的价值功能以及整合功能。

对于企业而言，思想政治工作以企业文化为新载体，有助于一定任务的顺利完成，能够营造一个良好的环境，创造良好的条件，促进思想政治工作的顺利开展，有助于党政工团之间的密切结合，促使思想政治工作形成更为完善的网络体系，主要包括以下几种作用。

首先，企业文化将其生产经营活动同思想政治工作有机地结合在一起。经济决定政治，所以思想政治工作服务于生产经营活动，一定要防止两者之间相互分离的局面。目前的思想政治工作的一项关键经验是，必须密切联系经济工作以及经济政策。企业文化恰恰具备了此项连接功能，总的来说，企业文化具有深刻的内涵，广泛包括了政治、经济以及文化等方面。一个企业所具有的精神、目标、行为准则，以及共同价值对企业运作，职工行为规范具有指导性的作用，有助于企业竞争力的有效提高，有助于培育出综合素质水平较高的员工队伍，有助于价值观以及行为规范的统一。员工对于企业文化较为认同，可以以此来规范自身的工作实践以及日常行为，有效地提升经济效益，创造出显著的社会效益。同时，企业文化能够帮助思想政治工作的有效开展，从而理顺内部组织的关系，促使各部门之间的互助合作，从而促进企业的发展和进步。

其次，企业文化有助于企业在进行思想政治工作时能够更吸引和感染员工。将企业文化融入到思想政治工作中，有助于加深影响力。通过人们比较容易接受的形式，潜移默化地感染人们，从而将其作用充分地发挥出来。从某种程度上来说，所有的文化活动都能进行思想上的交流，无形中对员工产生影响，促使他们去规范自身的意识，并对具体行为加以指导。

最后，企业文化能够为思想政治工作创造出必要的物质基础。员工精神需要的满足，必须密切联系工作、学习、活动、生活等各方面，不断地扩大投资规模，优化环境，创造出必要的条件，对于企业文化建设而言至关重要。此类文化设施属于思想政治工作的必要物质载体，有助于思想政治工作的顺利开展。以此类文化设施为依托，才能有效地发挥思想政治工作的作用，及时地发现、分析并解决所存在的问题，从而密切干群以及员工之间的关系。强化科学发展观，不断增强企业凝聚力，以及员工的集体荣誉感，拓展思想政治教育工作的范围。

（三）企业思想政治工作与企业文化建设的结合

建设企业文化与企业的思想政治工作，尽管他们有不同的范畴，有不同的侧重点，在进行结合的时候一定要将他们的关系处理好。

1. 要处理指导与促进的关系

企业所有工作的生命线是思想政治工作，具有导向性作用。企业文化属于建设企业精神文明的手段，它的管理方式与文化方式很独特，会对建设企业精神文明加以促进，会对开展思想政治工作提供新的方法与新的思路。使思想政治工作深度拓展。所以在对二者之间的促进与指导关系进行处理的时候要做到：首先，关于指导思想要对促进作用与主导作用的统一进行坚持；其次，要对二者表现形式多样化与政治灵魂的一致性加以坚持；最后，对建设文化环境与精神文化的统一进行坚持。

2. 要处理好互补与互渗的关系

首先，在内容方面，要做到互补以及互渗。他们所存在的优势具有一定的差异性，因此要坚持互补、互渗的原则，企业文化建设一定要具备，不能仅仅限制在形式上的政治说教，要采用互补的教育方式。二者之间能够相辅相成。开展思想政治工作的时候，一定要避免教育方式太过原则化，防止过于理想化，积极采用先进的教育方式，注重文化氛围的塑造，做到寓教于乐，以及寓教于文；积极借鉴思想政治工作所体现出的政治性，以及思想性，还有原则性，一定要对教育方式加以合理地选择。

3．要划分结合与替代的关系

对于一个企业而言，其思想政治工作同文化建设之间，尽管存在不少共性基础，能够相互渗透，相辅相成，然而两者的范畴又有所差异，不管是所占据的地位，抑或是工作的侧重点，还是目标以及功能均存在着差异。所以，企业文化建设是不能取代思想政治工作的。如此一来，既会严重削弱思想政治教育工作的功效，使企业文化建设缺失指导思想而迷失方向。特别是在现代企业制度当中，企业文化占据着至关重要的地位，同时是企业以其自身特点为基础，在物质文化以及精神文化等方面的总和，密切联系着企业所开展的思想政治工作。所以，要对两者之间存在的关系加以全面地把握，在将思想政治工作做好的同时，也积极地进行企业文化建设，以此来推动企业的进步。

第二节　企业思想政治工作的实践路径

一、企业思想政治工作的实践主体

（一）企业党组织的职责

1．基层党组织的职责

企业党组织是基层党组织，首先必须履行基层党组织的职责。要落实党建工作责任制，充分发挥推动发展、服务群众、凝聚人心、促进和谐的作用，以党的基层组织建设带动其他各类基层组织建设。以服务群众、做群众工作为主要任务，加强基层服务型党组织建设。这些职责都包含思想政治工作的任务，如"推动发展、服务群众、凝聚人心、促进和谐"离不开思想政治工作，"做群众工作"就是做思想政治工作。

2．国有企业党组织的职责

国有企业党组织职责的规定最明确。国有企业和集体企业中党的基层组织，发挥政治核心作用，围绕企业生产经营开展工作。保证、监督党和国家的方针、政策在本企业的贯彻执行；支持股东会、董事会、监事会和经理（厂长）依法行使职权；全心全意依靠职工群众，支持职工代表大会开展工作；参与企业重大问题的决策；加强党组织的自身建设，领导思想政治工作、精神文明建设和工会、共青团等群众组织。其中，"领导思想政治工作"的职责特别注明。

3．非公企业党组织的职责

非公企业党组织的职责规定，在中共中央关于非公企业党建工作的文件中有所界定。总体上的职责是"在企业中发挥政治引领作用""在员工中发挥政治核心作用"这两个作用，都包含思想政治工作的职责。

（二）国企党组织的思想政治工作职责

国有企业党组织履行思想政治工作职责，包括：

1. "领导思想政治工作"的职责

"领导思想政治工作"是党章赋予国有企业党组织的职责，必须坚定不移地履行。领导，就是企业所有与思想政治工作相关的重大决策、重要举措、重点工作及人事安排、资源配置等，都应当由企业党组织研究决定、付诸实施。企业董事会、监事会、总经理等法人治理结构可以参与思想政治工作的决策，但不能取代党组织的领导地位。

2. "推动发展"的职责

企业党组织在推动发展中发挥作用，开展思想政治工作是最基本的手段。通过思想政治工作达成发展共识、形成发展合力、塑造发展形象、宣传发展成果，反作用于经济工作。用思想政治工作推动发展，是企业党组织的大招数。

3. "服务群众"的职责

企业党组织服务群众、做群众工作的最主要方式，是做思想政治工作。服务群众，最根本的是以人为本、促进人的全面发展，让群众共享改革发展成果；做群众工作，最通常的是深入群众、宣传群众、动员群众、依靠群众，这些都是思想政治工作的内在要求。用思想政治工作服务群众，是企业党组织的拿手戏。

4. "凝聚人心"的职责

企业党组织凝聚人心，运用思想政治工作是最重要的途径。人心散，散在认识不提高、思想不统一，疑惑多多，困难多多，通过思想政治工作提高认识，做通思想，消除疑惑，解决困难，人心也就齐了。用思想政治工作凝聚人心，是企业党组织的基本功。

5. "促进和谐"的职责

企业党组织促进和谐，需要以思想政治工作为武器。和谐不和谐，主要在思想，思想不和谐，什么都和谐不起来。思想政治工作的核心是做思想引导、思想教育、思想进步的工作，引导好了，教育好了，人的思想进步了，和谐就有基础了。用思想政治工作促进和谐，是企业党组织的强本领。

（三）党组织是思想政治工作的实践主体

国有企业党组织具备以下特点，所以是企业思想政治工作的实践主体。

1. 拥有思想政治工作的光荣传统

在长期的实践中，国企党组织积累了思想政治工作的丰富经验。社会主义建设时期，国企党组织政工机构健全、政工队伍庞大、政工制度完善，通过思想政治工作为企业发展、为国家发展提供了思想保证和精神动力。改革开放以来，国企党组织适应新形势加强和改进思想政治工作，精简机构、培养复合型政工干部、创建思想政治工作研究会等，创新了思想政治工作的体制机制和方式方法。国企党组织是思想政治工作战线的强者，是思想政治工作阵地的坚守者，是企业思想政治工作的权威者。

2．拥有思想政治工作的坚强队伍

在基层单位中，国有企业党组织开展思想政治工作的队伍是强大的、坚韧的、优秀的。第一是领导班子成员，他们认同思想政治工作，在企业各项工作中注重发挥思想政治工作作用；第二是政工干部，他们热爱思想政治工作，在企业各项思想政治工作中发挥生力军作用；第三是党员，他们参与思想政治工作，在企业各项宣传思想工作中发挥先锋模范作用。这三支队伍构成企业思想政治工作的主体力量，并且无比坚强、坚韧、坚定，谁想削弱企业思想政治工作，最绕不过去的屏障就是这些队伍，也正是依靠这些队伍，国企在改革改制、下岗分流、企业解困等艰难困苦中挺了过来，并且发展壮大。

3．拥有思想政治工作的资源优势

国有企业党组织本身资源有限，但具有整合资源的优势和能力。在基层单位，国企党组织拥有的思想政治工作资源是最丰富、最完整、最充沛的。如：与上级党组织隶属关系的组织资源，与政府机构天然联系的政权资源，与社区党建联建的属地资源，还有因领导群众组织而具有的群团资源，因维护职工权益而获得的群众资源，等等。资源优势是党组织成为思想政治工作实践主体的强大后盾。

4．拥有思想政治工作的专业骨干

国有企业党组织开展思想政治工作，核心的优势在于拥有思想政治工作的专业骨干。思想政治工作是一门专业，专业工作需要专业人员，而企业党务（政工）干部就是思想政治工作的专业人员。从岗位职能角度看，企业党务（政工）干部的主要职责都与"人"和"思想"有关，许多企业对党务（政工）干部的思想政治工作职责比较专业、具体。特别是在处置企业各类矛盾突发事件的能力方面，企业党务（政工）干部是最专业、最有经验的。思想政治工作的专业队伍，是党组织成为思想政治工作事件主体的人才基础。

二、企业思想政治工作实践的切入途径

企业党组织是思想政治工作的实践主体，并不等于党组织能够自然而然地成为思想政治工作的实践主体。企业是市场经济主体。企业营运管理有自身的客观规律，党组织决不能以"领导思想政治工作"的地位作用干预企业营运管理，必须寻找思想政治工作实践的切入途径。从企业党组织的职责出发，思想政治工作实践可以从"三个服务""一个加强"的途径中切入。

（一）从服务企业改革发展的实践中切入

就单个企业而言，企业党组织和企业改革发展是"皮和毛"的关系。企业是一个以利润为核心的经济组织，尽管现代企业还需要承担国家责任、社会责任、员工责任等，但首要的还是经济责任。经济责任承担不了，其他责任无从谈起。因此，思想政治工作不服务

于企业改革发展，就是假大空。作为实践主体，企业党组织抓思想政治工作的切入口，首先是服务企业改革发展。

1. 参与决策，引领改革发展的方向

国企党组织参与决策的内涵，与法人治理结构实施决策权的内涵并不一样，法人治理结构主要决策企业重大事项，而党组织主要是把握企业重大事项决策的政治方向。也就是说，党组织要在决策过程中开展思想政治工作，帮助法人治理结构把握党和国家的方针政策，使企业的决策符合法律法规，符合国家利益、人民利益、社会利益。在参与决策、引领改革发展方向方面，国企党组织做得是最好的。

党中央要求非公企业党组织在企业中发挥政治引领作用，这个引领作用的内涵，也是引领企业改革发展的方向。但是，引领的方式不一定是参与决策，只能依据非公企业的所有制结构而定。外国现代管理理念曾经流行于非公企业，认为企业决策层是"做正确的事"，企业员工是"正确地做事"，非公企业党组织很难参与高层决策。但从私营企业培育出来的这个理念偏离中国国情，中国的非公企业决策层要"做正确的事"，也要掌握党和国家的方针政策与国家法律法规乃至员工利益诉求，在这些方面，企业党组织应当发挥政治引领作用，特别是通过引领非公业主成为中共党员、成为中国特色社会主义建设者等途径，确保非公企业改革发展的正确方向。

2. 化解矛盾，凝聚改革发展的共识

不管是国有企业的改革发展还是非公企业的改革发展，如果思路不对、方案不好、方法不慎，都会引发各种矛盾。这是因为企业各方的利益诉求不同：股东注重企业长期发展和投资回报，经营者注重改革发展业绩及其自身的激励机制，员工注重岗位稳定、收入增长、福利改善、工作顺心等切身利益。有矛盾是正常的、客观的，但矛盾处理不好甚至激化则会影响企业发展。在企业各方利益主体发生矛盾的情况下，唯有企业党组织可以站在"利益局外人"的角度，通过思想政治工作化解矛盾，凝聚改革发展共识，因为从理论上说党组织是政治组织，自身没有任何利益诉求。

在当前情况下，最需要凝聚的共识是三个：一是深化企业改革的共识。不管是国有企业还是非公企业，都有深化改革的需要和任务。二是企业创新转型的共识。不管是国有企业还是非公企业，都有创新发展、转型升级的需要和任务。国有企业的创新转型任重道远，党组织应当凝聚力量、加力助推。非公企业的创新转型很不平衡，党组织应当凝聚共识、积极引导。三是企业改革发展成果共享的共识。改革也好，发展也好，都是手段不是目的，目的是通过改革发展让员工、员工家庭乃至消费者共享利益成果，如上市公司应当分红利、大企业应当让员工享受持股利益、高利润企业应当提高员工收入、服务类企业应当让消费者享受更优质的服务，等等。在共享改革发展成果方面，党组织要与企业经营者达成共识，避免"富了大领导、穷了小员工"现象在国企和民企出现。

（二）从服务职工群众的实践中切入

在企业里，服务群众与凝聚人心、促进和谐存在因果关系，把员工服务好了，员工的人心就凝聚了，和谐的局面就出现了。因此，企业党组织的思想政治工作实践途径应当从服务员工切入。

1. 为员工提供"最需要"的服务

服务要有针对性，员工最需要的服务就是党组织最要提供的服务。如青年员工最需要职业生涯发展，党组织就要提供"职业导航"的服务，为他们进行职业生涯设计；中年员工最需要岗位稳定、薪酬增长，党组织就要提供"职业保障"的服务，在改革中保住他们的岗位，在发展中提高他们的收入，等等。

什么是员工最需要的服务？如果不深入调查研究，不主动关心员工，是难以掌握的。企业党组织应当与员工打成一片，了解员工需求，才能及时提供员工最需要的服务。如某区国资委近年来在企业调研中了解到，临近退休的资深党务干部最需要获得"政工师"的系列职称，他们就把系统内所有党务干部梳理一遍，支持、帮助他们申报政工系列职称，一些退休前评上高级政工师的老党务干部发自内心感谢组织提供的服务。

2. 为员工提供"最温暖"的服务

服务要有及时性，员工最能感受到的温暖就是党组织最及时提供的服务。企业员工是很淳朴、很简单、很明理的，他们知道企业党组织的服务资源有限，只要党组织能够了解、理解他们的难处和心情，哪怕提供的服务很微小，但只要困难得到及时解决，他们就会感到组织的温暖，发自内心的说"共产党好"。

什么是员工感到最温暖的服务？许多企业党组织十分清楚，就是员工遇到急、难、困、苦等事件和个人问题。急，就是突发事件，如员工自己或亲人患大病重病、家庭遇到重大变故等；难，就是生活、工作和学习方面存在困难，单靠员工自身难以解决的；困，就是员工遇到思想上的困惑、职业生涯上的困境、情感上的困扰等，久久不能解脱的；苦，就是员工因生存压力、心理压力、生理压力而造成的痛苦，非外力干预难以释怀的。企业党组织如果及早发现、及时出手，采取有效措施提供相关服务，就能够使员工感受"雪中送炭"的温暖，思想政治工作能够取得倍增效应。

3. 为员工提供"最实际"的服务

服务要有可能性，企业党组织可以供给的服务资源十分有限，而数百、数千名员工的需求是无限的，用有限的资源应对无限的需求，只能实事求是地提供最实际的服务。党组织应当避免不切实际的承诺，让员工产生错觉认为党组织及企业能够提供十全十美的服务。

什么是最实际的服务？企业能够为自己提供的服务，员工心里是明白的，因为他们对企业的经济实力等情况最了解。企业党组织要做的事情，是在企业的经济实力与员工的利益需求之间取得平衡，尽最大可能放大企业的服务空间，提升企业的服务能力。如：企业在郊区，员工上下班的时间比较长，党组织应当与企业商量为员工提供合理的车贴，或提供班车接送服务；企业员工"三班倒"作业，党组织应当与企业协调，为员工提供早班、晚班甚至夜班的用餐服务，并改善伙食让员工保持良好体质；IT 产业的企业员工脑力劳动付出强度大，流水线员工的心理压力强度大，党组织应当建议企业采取人性化方式减压，如对前者采用弹性工作制或在办公室设置咖啡屋等提供自助减压条件，对后者采用优化工作环境、适当增加员工数量实施工间轮换等举措减压。党组织提供的服务越实际、实在、实惠，员工的满意度越高。

从国企发展的经验看，国企员工"与企业共发展"的主人情结在相当长的一段时间内不可能消除，如何扬长避短，发挥好主人情结中有利企业发展的因素，引领员工献计献策助推企业科学决策是当今企业党组织的一项重要工作。

（三）从服务社会社区的实践中切入

企业是社会的成员，社会对企业员工的思想、情绪和心态有间接的影响和制约。企业党组织做思想政治工作应当拓展视野，站高望远，从服务社会和社区的实践中切入。在这方面，许多企业党组织的意识很强，创造了丰富的实践经验。

拓展党建联建的内涵。党建联建已经开展几十年，企业与社会之间已经搭建互相融入的平台。企业党组织要充分运用好这个平台，丰富党建联建的内涵，其中最主要的是把党建联建的内容从党建工作延伸到思想政治工作、精神文明建设、群众工作、企业文化建设等方面，建立思想政治工作的联合体。如可以运用社会的宣传文化资源开展社会主义核心价值观教育，与"东方讲坛"合作向企业党员宣讲中央、市委重要会议精神，利用社区文化场馆举行企业艺术节、体育节活动等。这方面，社区党组织的意识很强，企业党组织应当主动对接。

企业党组织应当拓展社会责任的外延，把社会责任履行得更加扎实。如帮助社会解决大学生、残疾人就业问题，在节能减排上作出企业应有的努力，保持企业所在区域的良好生态环境，为食品安全、工地安全、公共安全、生产安全、员工生命安全提供企业能够做到的保障，等等。企业党组织支持、督查企业履行更多的社会责任，让更多群体受益，是思想政治工作的"分内事"。

拓展企业服务的领域。企业不是孤零零地存在于社会的，企业服务的社会对象更是广泛的，只要力所能及，或者理当如此，企业就要拓展服务对象。如服务消费者、服务客户、服务产业链、服务社区居民、服务子弟兵、服务烈军属、服务孤寡老人，等等。一些发达国家的企业已经走向"社会企业"新阶段，就是说，企业不仅仅属于企业自身，还属于社会。企业党组织应当视企业可能，做企业领导人的思想政治工作，拓展企业服务的领域及对象，让一家企业的社会能量发挥到极致，做一家"社会公民"的优秀企业。

（四）从加强自身建设的实践中切入

企业思想政治工作的自身建设问题，是湮没在党组织自身建设中的问题，探讨和研究这个问题的企业党组织并不多。作为思想政治工作的实践主体，从加强自身建设的实践中切入做好思想政治工作，是一个现实命题。

加强企业思想政治工作的自身建设，最紧迫的是解决思想政治工作的薄弱环节，包括硬件和软件两个方面的薄弱环节。硬件方面的薄弱环节是：思想政治工作的制度建设不得力，"人治"痕迹重；思想政治工作的队伍建设不得力，年轻人留不住；思想政治工作的阵地建设不得力，资源投入少，等等。软件方面的薄弱环节是：思想政治工作者的理论基础不足，精通马克思主义原理的不多；思想政治工作的基础研究弱，思想政治工作科学化任重道远；思想政治工作的领军人物少，企业党委书记能够著书立说的凤毛麟角，等等。企业党组织应当重视思想政治工作的硬件建设和软件建设，消除薄弱环节。上级党组织应当具有战略眼光，支持和帮助企业党组织加强思想政治工作的自身建设，真正把思想政治工作做到实处、做出"筋"来。

三、企业思想政治工作实践的途径创新

企业思想政治工作的实践途径，其实是很丰富的。改革开放以来，不同所有制的企业都在各自的环境和条件下创造了许多实践途径，其中共同的一条途径，就是把现代企业管理与思想政治工作结合起来的途径。从管理学的角度审视，企业思想政治工作实践中运用的管理途径大致包括六条。

（一）运用管理开发的途径

所谓"管理开发"指的是人力资源管理中的人才资本开发。管理开发理论不再把员工看作人力成本，而视为可以不断开发的"人力资本"。

1. 开发人才资本

人力资源管理的要义，在于人力资源的开发。而人力资源的开发中，人才资源的开发是最重要的，人才资源是比物力资源更重要的资源，人才资源开发的本质要求是把人才资源转化为人才资本，人才资本是企业资本要素中最具价值的资本。

思想政治工作引入人才资源开发理论，重要的因素在于把党管人才的原则融入人力资源管理和人才资源开发中，使企业法人治理结构认同党组织参与人才资源管理。同时，思想政治工作意义的人才资源开发也不同于管理意义上的人才资源开发，思想政治工作比较看重人才的思想品德、职业道德等元素，人才资源开发比较看重人才的专业知识、职业才华等元素。企业党组织应当把握两者之间的平衡，引导企业人才既有专业知识、职业才华，又有思想品德、职业道德，成为德才兼备的有用之才。

2. 开发人才潜能

人才资源的开发，不仅仅是开发人才的既有能量，更重要的是开发人才的潜在能量。

人力资源开发比较注重人才的现存能量，譬如"360度考核""心理测试"等大多是现存能量的开发工具，而思想政治工作意义上的人才资源开发则注重人才的潜能开发，譬如后备干部的遴选、考核、储备、使用等，基本上是潜在能量的开发过程。

企业党组织开发人才潜在能量的方式方法，也与人力资源管理开发有不同之处。人力资源管理开发的方式方法比较注重岗位胜任能力的开发，如通过户外拓展训练增强人才的意志力，通过培训改善人才的知识结构等；党组织开发的方式方法比较注重实战能力的开发，如通过轮岗换岗增强人才的适应能力，通过上下挂职提高人才的实践阅历等。在人才资源开发的整个过程中，党组织还贯穿思想政治工作的方式方法，通过谈心、座谈及帮助解决人才的实际问题等途径，使人才的心智、胸襟等狭义才能以外的结构元素不断完善，成为全能型人才。

3. 开发人才情商

企业在开发人才资源的时候，要结合思想政治工作的要求，重视人才的情商培育，帮助人才在经营管理过程中提高做群众工作和解决问题的能力。

思想政治工作在开发人才情商方面具有独特的功能。企业经营管理人员一般专注本职岗位的业务，不重视自身的情商开发，人力资源管理虽然也有开发情商，如培育团队精神、开展"内部客户满意度"测评等，但智商开发的力度大于情商开发，且智商开发的方式方法多于情商开发的方式方法。而思想政治工作开发人才情商的功能得天独厚，如帮助人才掌握理论联系实际的方法，掌握深入基层调查研究的方法，掌握与同事、同行联络情感的方法，掌握驾驭企业内外人际关系的方法，等等。思想政治工作开发人才情商的方式方法，循循善诱的多，春风化雨的多，潜移默化的多，比较容易被人才接受和容纳。

（二）运用管理激励的途径

所谓"管理激励"，指的是外国管理理念中的"善用激励"，其中尤其重视"正向激励"。

1. 正向激励的作用

正向激励是现代管理调动积极性、提高效率的重要手段，好员工是"夸出来""奖出来"的，这一条对大多数人有效。激励方法具有客观性的特点，是以人的需要为客观依据，满足人的愿望、意向、动机和兴趣，激发人的积极性；具有针对性的特点，每一种激励方法都具有特定的激励目的、激励范围和激励方式，都是有的放矢的激励。思想政治工作原来就有自己的激励理念和激励方法，但激励的资源有限，如评选先进、颁发奖状、授予荣誉等，但很少与经济利益、收入薪酬、职级提升等管理方式结合起来，影响了激励的效用。而思想政治工作的激励方式与管理意义上的激励方式结合起来，则正向激励的作用将大大增强。

2. 正向激励的方法

思想政治工作的激励方式与管理意义的激励方式结合起来，丰富了正向激励的"方法库"。如：目标激励，即用业绩目标、薪酬目标、晋级目标的实现可能性激励员工；压力激励，即运用实现既定目标的紧迫感、责任感、危机感激发员工的拼搏进取精神；竞争激励，即通过集体或个人之间争取优胜的竞赛活动强化员工的求胜心理；信任激励，即通过对员工的信任和支持满足其自尊心理从而激发能动性；数据激励，即以量化的具体数据为依据并广而告之公布排行榜激发员工的自豪心理；授权激励，即领导者依据下级的能力派任工作授予一定的权力激发员工的创造欲望，等等。这些激励方法，与原有的思想政治工作的"榜样激励""归属感激励""奖励激励""民主激励""关怀激励"等融合起来，使思想政治工作更能够激励人、团结人、凝聚人。

3．正向激励的运用

正向激励的作用胜于负向激励，如曾经风靡一时的"末位淘汰"是带有负面激励的方法，如今已被许多企业人力资源管理制度"淘汰"。但是，正向激励如果运用不当，也会产生副作用，企业党组织应当在实践中把握住运用的分寸、技巧和规律。如：目标激励运用时，要把握住员工对目标的接受和确认度，使目标处于"跳一跳、能达到"的合理水平；压力激励运用时，要建立相应的奖惩机制，促使员工变压力为动力，并在员工完成任务后兑现物质和精神奖励承诺；竞争激励运用时，要注意创造良好的竞争环境和竞争机制，防止以邻为壑；信任激励运用时，要注意防止以人划线、搞小圈子；数据激励运用时，要注重数据的科学性、准确性、可靠性，等等。企业党组织要善于总结各种激励方法的实施经验，注重激励方法与员工个性的对接、与工作任务的对接，灵活运用、交叉运用、变化运用、随机运用，使正向激励发挥最大效用。

（三）运用管理沟通的途径

1．与思想政治工作的相通点

管理沟通和思想政治工作的共性很多，相通点：一是沟通技能相通。管理沟通的主要方法是传授沟通技巧，确保管理者与被管理者之间的沟通渠道畅通无阻；思想政治工作的主要方法也是掌握沟通技能，确保教育者与被教育者之间的思想沟通畅通无阻。二是规避沟通陷阱。管理沟通的要义在于制定沟通规则，确保管理者与被管理者之间的沟通具有共同遵守的规则，提高沟通的有效性，避免无效沟通甚至是私下沟通。思想政治工作的沟通也有制度和机制的保障，如定期的厂务公开制度、企业领导人在职代会上向员工通报的制度等。三是提高情商指数。管理沟通的注重点在于提升管理者与被管理者双方的情商指数，确保双方的沟通建立在相互理解、相互默契、相互尊重的基础上；而思想政治工作的沟通也强调人文性、平等性，确保思想沟通获得成功。

2．管理沟通应当是政工干部必备技能

目前，在企业干部培训的讲台上，管理沟通学科的影响力已有超越思想政治工作课程的趋势，即使在政工干部的培训班上，受欢迎、点击率高的也是管理沟通课。在书市上，

到处可见的是管理沟通类书籍，鲜有介绍思想政治工作沟通技能的书籍。由此，管理沟通已经成为政工人员提升思想政治工作能力的新学问。企业党组织应当研究这一现象的深层原因，在普及思想政治工作沟通艺术的同时，传播管理沟通的理念及技能，并且使两者紧密结合起来，创新出思想政治工作的管理沟通学问，努力提升政工干部的沟通本领。

（四）运用管理制度的途径

计划经济体制下，企业党组织把思想政治工作当作包治百病的良药，管理制度依附于思想政治工作。改革开放以后，企业健全管理制度，在调动员工积极性方面加大物质奖励力度，但实践证明单靠物质刺激也不行。近几年，许多企业把思想政治工作与管理制度紧密结合，从管理制度切入改进思想政治工作。

1. 以员工手册为载体

外资企业招聘员工的时候，都在与员工签订的合约中详细告知薪酬收入、福利待遇、基本制度、奖惩方法等内容。后来，国有企业吸纳这个做法，制定《员工手册》，汇集与员工密切相关的企业管理制度，使员工有所认知和遵循。随后，在建设企业文化过程中，许多企业把以人为本的要求融入《员工手册》，使之成为以制度承载思想政治工作的重要载体。如有的企业在《员工手册》首页刊登主要经营者的文章，向员工传递企业对他们的殷切期望，有的企业甚至在《员工手册》中印制单位的内部地图，标明餐厅、停车场等所在位置，还注明到企业上班的地铁、公交的线路等，这些内容使新员工感到特别温馨，增强了对企业的向心力。

2. 以岗位规范为引导

随着企业管理制度的不断健全，无论是国有企业还是非公企业都比较重视岗位规范的制定和落实。岗位规范既是岗位职责，属于企业管理制度范畴，又是包含行为准则，属于职业道德范畴。一些企业甚至先让员工自己提出岗位规范的内容，然后由企业管理部门加入岗位管理的内容，形成既有岗位操作流程又有员工行为规范的结合体。

3. 以软性制度为探索

现代企业与传统企业在管理制度上的根本区别之一，在于刚性制度与软性制度的统一和糅合。企业管理制度一般以刚性为主，制度缺乏刚性就无法严格管理，而严格管理是企业的本性使然，并非企业管理者的心肠硬；但随着人本管理思想的倡导、企业管理制度的规范和员工整体素质的提升，许多企业结合行业实际开始探索"软管理"，即用软性制度进行管理。如动漫企业的设计师只要完成既定目标任务可以不坐班，网络企业的科研开发人员只要能够出创意可以自行设计办公室环境，甚至可以为了激发灵感而允许中途离开企业到外面兜一圈，等等。随着数以千计的新兴职业及岗位以及机器人的涌现，许多新兴职业及岗位与流水线无关，并不需要强制性的制度约束，甚至唯有宽松的管理方式才能调动员工积极性和创造性。企业党组织应当顺应时代潮流，善于把思想政治工作的内容融入软性制度，使员工在不知不觉中接受思想引导。

（五）运用管理网络的途径

思想政治工作需要周密、及时、顺畅的信息渠道。目前，企业思想政治工作的信息网络主要是党组织建立的，如政工部门例会、领导干部基层联系点、党员责任区、信息员队伍等。但企业党组织编织的信息网络存在盲区。企业发生许多经营管理方面的事情，党组织往往滞后性地了解掌握。特别是目前企业的政工干部一般身兼数职，只能应付门面，根本无暇顾及各方面的信息收集和处置。因此，借助企业的管理网络开展思想政治工作特别是思想信息工作，是思想政治工作实践的重要途径。

1. 现代企业管理网络没有空白

现代企业的管理网络十分健全。如果不设党组织，不开展思想政治工作，企业的生产经营也能够按照管理制度运行，只不过运行质量特别是员工积极性等可能受到影响。20世纪 90 年代企业广泛开展的全面质量管理工作以及 ISO9000 认证体系的建立，更使企业的管理网络科学化、规范化。企业党组织应当善于运用管理网络，把思想政治工作的信息网络有机融入企业管理网络，能够起到事半功倍的效果。

2. 布局一岗双责的政工网络体系

企业行政管理网络中，处于枢纽位置的是各级行政管理负责人。国有企业党建制度规定，所有行政管理负责人都要实行一岗双责，履行党建职责包括思想政治工作职责。各级行政管理负责人对下属、对员工的情况了如指掌，如果赋予他们思想政治工作的信息管理职责，甚至与支部书记等同级党组织负责人共同定位为思想政治工作直接责任人，企业政工网络体系必将更加完善，也更加管用。

3. 政工网络体系下沉班组

思想政治工作的对象主要是员工，员工主要工作在企业最基层的班组，甚至员工的部分学习、生活事项也落地于班组。现代企业视班组为企业的细胞，日益加强班组管理；现代管理视班组管理为基础性管理，班组管理的水平越来越高。因此，思想政治工作的实践途径应当进入班组管理网络，把政工网络体系下沉到班组。如传统的班组"一长、四大员"，即工会小组长和学习员、安全员、生活员、文体员等，可以恢复、健全和完善起来，并赋予他们收集员工思想信息、利益诉求、特殊困难等义务，为做好思想政治工作及群众工作提供第一手情况，增强思想政治工作的针对性和有效性。

（六）运用管理工具的途径

1. 管理工具运用于思想政治工作

提高客观评价权重，尽量用数字来量化，已是现代企业管理的发展趋势。无论是绩效考核、市场选聘都会开拓新的管理工具，借用或运用这些管理工具，能够促进思想政治工作的现代化。如：思想政治工作者的绩效考核，也可以运用 360 度考核的管理工具；政工干部的选拔任用，也可以运用市场选聘中的管理工具。目前，"六西格玛""记分卡""QC小组""质量认证体系"等管理工具已经在思想政治工作和党建领域广泛运用，有的成为改进和创新思想政治工作和党建工作的经验做法。管理工具的运用拓展了思想政治工作的方式方法，也使思想政治工作高度融入经营管理，有效性显著增强。

2. 管理模型运用于思想政治工作

经营管理的长处在于许多工作都是运用模型进行科学测试、准确定位的，所以具有说服力。把管理模型的方法运用于思想政治工作的实践途径，有利于提高思想政治工作的科学性，企业党组织应当大胆探索。

3. 管理新法运用于思想政治工作

现代企业与现代科学的紧密结合，诞生了大量新的管理方法，最能够运用于思想政治工作的是管理心理学和组织行为学。心理学家研究发现，某些积极的心理要素有助于心理疾患的预防和消除，他们采用心理学的方法研究人性的积极方面，产生了积极心理学。积极心理学在管理领域的应用产生了组织行为学，并且广泛运用于企业人力资源管理领域，如运用自我效能感（自信）、希望、乐观、幸福感、情绪智力和复原力等积极心理要素开发人力资本，产生了"心理资本学"，心理资本学能够帮助企业获取新的竞争优势即心理竞争优势。把管理心理学、组织行为学和心理资本学等新兴管理方法引入企业思想政治工作，能够增强思想政治工作的时代感和科学性，值得企业党组织积极探索。

第三节　思想政治工作在
企业文化建设中的作用及其体现

一、思想政治工作在企业文化建设中的作用

现阶段中国企业的企业文化与其他国家企业最根本的不同，就是其含有思想政治工作的因素，思想政治工作对我国企业的企业文化建设有着不可小觑的积极作用，构建中国特色的企业文化，就是要将思想政治工作同企业文化完美融合，而积极的、活跃的正能量因素是融合的前提和基础。所以在研究如何将我国企业的思想政治工作与企业文化的完美融合前，我们首先要明确，企业思想政治工作在企业文化建设中起到了怎样的作用。

（一）企业思想政治工作对企业文化建设的保证作用

1. 保证了企业文化建设的社会主义方向

思想政治工作历来是我党强调的工作重点。在 21 世纪的今天，企业文化建设更要同党和国家所推行的各项大政方针政策相适应，不能超出法律法规的相关规定，一定不能对

国家、集体，抑或个人所拥有的合法利益构成损害，一定要同文化建设的各项基本要求相适应。如若不然，员工就会出现思想混乱的状况，就会产生一些不利因素，对企业稳定发展构成极为不利的影响。但是，思想政治工作关键在于对我党所制定的各项路线方针政策加以有效地宣传。所以，唯有有效地开展思想政治工作，才能确保政治导向的正确性，才能构建良好的企业文化。

企业文化建设唯有在有效的发挥思想政治工作所具有的重要作用的前提下，才能坚持正确的方向。思想政治工作的出发点在于党以及国家的各项中心工作，对国家、集体以及个人之间所存在的利益关系加以有效的协调。企业文化建设唯有明确社会主义方向，积极推动思想政治工作的开展，才可以将其核心内容，也就是价值观处理好，从而推动文化建设的进程。

对于企业而言，文化建设属于一项系统工程，对其进行培植、塑造、强化，必须依赖更为有效的思想政治工作。一定要把握好社会主义方向，坚持中国特色，在企业文化建设的方方面面有效地贯穿新时期我党的各项基本路线以及中心任务。此外，在我国实施改革开放，确立了市场经济制度之后，企业也在随之不断地改革，其中不少问题都具有较强的时效性，较为具体，同社会和谐密切相关，因此单单依赖企业文化是难以良好地解决此类问题的，思想政治工作有助于对客观环境加以良好地认识，切实解决存在的思想问题。

同时，部分企业为了追逐经济效益，忽视了社会效益；对眼前利益的过分重视导致长远利益遭到严重的损害。此类问题的解决需要建设企业文化期间，将思想政治工作所具有的作用充分地发挥出来，在社会主义制度下，企业开展生产经营的具体目的加以明确，注重对社会以及人民大众的责任，要服务于人民，贡献于社会。建设企业文化期间，有效地开展思想政治工作有助于围绕经济效益的提高来组织生产经营活动，然而必须要注重生产经营途径的正确性，注意经济效益同社会效益之间的协调。

总的来说，思想政治工作的有效开展可以确保企业文化在建设过程中始终保持正确的发展方向。长久以来，我党都保持着思想政治教育工作的优良传统，并以此推动革命事业以及建设事业的发展。市场经济条件下，思想政治教育工作的意义更加深远，所面临的困难也越来越大。

2. 为企业文化建设提供强大的精神动力

开展思想政治工作在很大程度上促进了改革开放的发展，推动了现代化事业的不断进步，其主要作用在于能够鼓舞干劲，充分挖掘人的潜能，提高广大人民群众的积极性，使得人民能够有广大的舞台充分发挥其创造性，为改革开放以及现代化建设提供力量源泉，奠定群众基础。这是在长期的历史经验中总结出来的重要结论，同时也概括了思想政治工作所具有的重要功能，以及所占据的战略地位。

而"企业和谐文化"就是以人为中心的企业文化，企业员工是其思想政治工作的具体对象。企业生产还有生活的主体就是员工，对于企业生产力而言，员工属于主导型因素，最为活跃，并且具有较大的潜能。广大员工是否具有正确的世界观、人生观、价值观，其思想觉悟的高低、道德水准的强弱，对其劳动素质具有决定性的作用，会对他们能否充分地发挥主观能动性产生重大的影响。员工是否具有较大的热情，是否具有较强的参与能力，决定着能否有效地提高企业的生产率，能否促进社会生产力的发展。通常情况下，员工的思想会支配其行为，因此思想政治工作可以对员工思想起到一定的引导作用，进而充分调动员工的积极性，使得员工的综合素质得以提高，有效地提高企业的运转效率，有效地提高企业的市场竞争力，以此来促进生产力的有效发展，使阶级剥削无立足之地，消除两极分化，最终实现改革开放成果共享，实现共同富裕。

开展建设和谐企业文化的目的在于对企业精神加以强化，通过统一的价值观念以及道德规范，凝聚企业的所有员工，对人与人之间所存在的利益关系加以协调，从而营造出共同协作的工作环境。如果在建设和谐文化期间，民营企业能够有效地开展思想政治工作，那么就能对员工人生观以及世界观加以有效地改造，同时促使他们具有更高的思想觉悟，不断提高其道德水平；培养员工的主人翁意识，强化他们的责任感，引导员工正确认识国家、集体以及个人利益之间的关系，将爱国、爱企以及爱岗统一起来。有助于奠定思想基础，在员工当中产生意想不到的精神动力，充分发挥员工的积极主动性，将个人利益同企业利益、国家利益结合在一起，使员工能自觉关心企业的成长，产生集体荣誉感与归属感，为构建社会主义和谐社会贡献一己之力，在企业内部营造一个积极向上的氛围。

同时，思想政治工作的开展可以促使员工更有动力去掌握科学技术，并清楚地认识到科学技术的重要性，培养员工高尚的职业道德，让员工能自觉主动地参与到学习中去，及时更新知识库，努力掌握专业技术。由此可见，思想政治工作能够在精神上为发展生产力提供动力。

思想政治工作能够促进企业改革的不断深化，为其提供思想保证。改革开放之后，思想政治工作一直服务于经济建设，确保企业严格地贯彻实施党和国家所制定的各项路线、方针、政策，从而不断地深化改革，促进企业的发展。

3. 为企业文化建设规范了目标一致的原则

建设企业文化期间，开展思想政治工作需要坚持目标一致的基本原则，在此过程中，一定要密切联系企业实际。所有的职工都必须坚持企业目标的统一，其中包括精神、生产、竞争等方面的目标。然而社会主义制度下，实施此类具体目标一定要自觉遵守眼前目标以及长远目标，并为之服务。企业要想生存下去，并获取进一步的发展，一定要形成独特的经营观念，同外部环境所发生的变化相适应。

在实现企业文化目标的过程中，良好的思想政治教育工作就会将其自身的优势充分发挥出来，起到有效的激励作用。其中包括目标教育的开展，在确定企业目标之后，要充分发挥思想政治工作的作用，广泛地进行目标教育，对目标任务，以及目标的实现现状加以宣传，不断地增强职工所具有的使命感以及责任感，不断激发其创造的积极性。

此外，开展目标激励工作，充分调动职工的工作积极性。目标激励的实施就是要有效地调动员工的积极性。开展思想政治工作期间，实施目标激励要注重把握好难易程度，统一职工个人目标以及企业目标，对实现目标的具体情况加以及时地评价。

4. 为企业文化建设提供强大的生力军

实际上，企业文化属于"舶来品"，属于新学科，在我国的发展时间比较短，尤其是企业文化方面的研究比较缺乏，所以高水准的骨干组织是必要的。我党长期以来都坚持思想政治工作的优良传统，将其作为一项政治优势，同时也是企业管理一项重要内容，其发展形势较为成熟。企业发展期间，思想政治工作的构建使员工具有较高的觉悟，形成具有较强业务能力的政工队伍，在宣传工作上具有极为丰富的经验，把握了大量的信息以及员工心态等。

此外，在长时间的实践当中，这支队伍形成了较高的素质水平，并且掌握了完善的工作方法，比较企业文化建设所形成的网络而言，更加严密有力。所以，要充分发挥这支队伍所具有的骨干作用，积极推进企业文化建设的进步，为社会主义事业贡献力量。

如果拥有一支具有较强的政治性、精通业务以及作风良好的工作队伍，那么就能够在组织上保证思想政治工作的有效开展。构建和谐文化的过程中，一定要大力发扬此项优良传统，广大企业政工干部一定要及时地学习新知识，形成新观念，大力发扬贡献精神，在新形势下积极探索思想政治工作以及企业文化建设的发展规律，从而通过实践逐步提高自身的综合素质水平。将其骨干作用充分地发挥出来，促进组织保证体系在企业文化建设过程中能够得到不断地改进与完善。

要做好思想政治教育工作，就要不断地健全相应机构，选拔人才期间要坚持群众观点，并以此为基础对复合型人才加以重视，思想政治工作的相关人员属于党的一线人员，不仅需要具备群众基础，还要具备理论素养，此外业务技术也是必不可少的，所以属于"一专多能"类型的人才；日常工作中，政工人员需要注重理论学习，促使自身素质的不断提高，并且要以身作则。唯有如此，才有可能构建起综合素质水平较高的工作队伍，推动企业文化建设的不断进步。

（二）企业思想政治工作对企业文化建设的优化与弥补

1. 优化企业文化建设的结构与层次

将思想政治工作与企业文化建设工作结合在一起的主要目的在于通过企业文化，将思想政治工作所具有的核心价值充分发挥出来，将思想政治教育工作的各部分资源优势以及其他优势全面作用有效地发挥出来，促进文化建设的不断发展和进步。如果企业的思想政治工作比较到位，那么就有助于企业职工不断地提高其科学文化素质以及思想道德，有助于企业不断增强自身的核心竞争力，对企业文化所具有的结构层次加以有效完善。

企业文化主要包含两个方面的内容，一个是物质文化，一个是精神文化；总共有四个层次，第一层，"物质文化"；第二层，"行为文化"，第三层，"制度文化"，第四层，"精神文化"，企业文化由它们构成，以它们为核心。思想政治工作的开展，一定要注重切入点的正确性，将其在塑造品牌精神、优化观念和规则等方面所具有的优势充分发挥出来，并将其贯穿于企业文化建设的整个过程。

（1）弥补企业物质文化的不足

对于企业而言，"物质文化"属于一种外部表现形式，反映在一些外在方面的物质现象上，主要包括产品开发、服务质量以及产品信誉等方面，还包括企业所处的生产环境、生活环境等，集中体现了"产品和服务"所具有的品质，此外，企业在对外提供产品或者服务上，也要充分贯彻"精品文化"理念，应当结合市场经济规律，通过对产品及其服务的输出，争取在外界树立良好的企业文化形象。而要树立客户交口称赞的企业品牌需要涉及很多层面，经历较为复杂的过程，民营企业开展思想政治工作能够有效地发挥政策的引导和教育优势，同时考虑到消费者的心理，为他们创造一个良好的服务环境。在包装和宣传产品时，采用的方法能够让消费者愿意接受，能够让消费者更加认可品牌，能够让员工增强品牌意识，提高企业的知名度，这样一来，民营企业就可以让企业文化和物质文化相结合，从而推动企业的快速发展。

（2）强化员工的服务精神

行为文化是指员工在日常生活中表现出的文化现象，员工在生产生活中，在与客户、社会等进行交流和沟通时，会不自觉的展现出一种文化，这就是企业的行为文化。企业在规范员工的行为和价值时，行为文化有导向作用，企业是其主体，不过在实践中需要所有员工加以表现，包括：员工素质、思想观念、企业制度等。民营企业在开展思想政治工作时，不能脱离企业文化，企业要采取各种措施，让员工受到良好的思想熏陶，要让他们能够以企业发展目标为己任，要学会创新，要做到团结奋进，严格遵守以顾客为上帝的服务宗旨，不仅服务好企业，配合好各组织，又要对企业所处的环境进行优化，要能为消费者提供各类服务，同时让企业文化发挥更大的导向作用。

（3）优化企业的制度

企业在为消费者提供服务和产品时，会表现出一些行为文化，在该文化中会总结一些制度，企业法规等都被包括在其中，这些制度是企业文化的重要构成，这就是企业的制度文化。企业中的员工会受到制度文化的约束和影响，他们的行为会更加规范。就企业政策而言，在民营企业开展思想政治工作时，能够发现目前的制度文化体系里存在哪些缺陷和不足，同时也能对各方面的利益关系进行深入的分析，提出优化制度体系的经营方法或者运用思想政治工作贯彻落实企业制度，使更好的内部环境被创造出来。

（4）促进企业核心精神的形成

精神文化是企业价值观的核心，精神文化体现了一个企业的管理理念，它不是在企业建立之初就形成的，而是随着企业和员工的发展逐渐形成的产物。精神文化既是企业员工群体意识的集体智慧，也能反映企业的管理和经营理念。企业的精神力量从几个方面可以获得，例如号召力、凝聚力等。民营企业在开展思想政治工作时，应该重视企业文化发挥的作用，企业的一项重要工作就是建立企业精神，着力教育、辐射、凝聚、提炼、宣传企业精神，让它可以人人皆知，可以推动企业发展。

2．弥补企业文化功能上的不足

（1）导向功能

企业文化建设的导向功能和企业思想政治工作的融合，指的是将两者的终极目标都设定为：在职工之中将正确的道德观与价值观树立起来。企业文化与企业思想政治工作用社会主义理论与正确的思想政治观念教育、引导、启发企业员工，让他们将正确的价值观树立起来，让他们可以对自己在企业中的作用与地位有真正认识，将自己的生产行为与社会的进步与企业的荣辱紧密结合，进而对主人翁的责任感、创造性与主动性予以充分发挥，在参与企业的管理与经营的时候有乐观的积极的精神状态，立足本职工作，主动担当作为。

（2）协调功能

我国实施的改革开放日益完善，现代企业制度也早已形成，在这种形势下，企业开展的思想政治工作面临着更多的压力和挑战，其中，一个重要表现就是思想政治工作有了新的对象，例如，企业价值观念不断增多，信息来源更加广泛，队伍构成更加科学等。如何将这些具有差异性的内容结合在一起，这是企业在开展思想政治工作时必须要面对和妥善解决的一个重要问题。企业开展思想政治工作，一定要以企业文化为基础，思想教育工作要开展得深入细致，不仅要对人心加以凝聚，还要对员工的主动性、创造性、积极性进行激发，还要使企业的社会知名度不断上升，让企业可以内部团结，外有声誉，在进行竞争的时候具有相应实力。

（3）激励功能

进行思想政治工作的方式还包括精神鼓励，员工受到鼓励后，会逐渐形成积极的人生观、价值观，企业文化是一种无形的力量，能够帮助员工培养理想，转变作风和信念，在组织周围团结各个层次，为员工营造一个良好的文化氛围，让他们得到足够的激励，从而推动企业的可持续发展。企业必须积极宣传企业文化，润物细无声，让员工耳朵里、心里、脑子里都有企业的管理理念，将二者融合，在思想政治工作中将信任、理解、尊重等健康积极感情注进去，使良好的情感基础被建立起来，使激励机制的时效性上升。

（4）教育功能

我国社会当前的一大主题就是构建和谐社会，在市场经济当中，企业处于主体地位，因此肩负着构建和谐社会的重担。人的和谐也正是企业的和谐，企业要想实现和谐必须借助思想政治工作来完成，企业的领导人一定要对企业的文化和发展战略进行宣传，要明确企业的市场定位，同时要发挥企业的竞争优势，促使员工能够了解企业的发展情况，要加强他们对企业的认同感，推动思想政治工作的开展。同时，在引导时要采用多种多样的形式，为员工提供各种教育培训，促使员工形成主人翁意识，将企业发展作为自身的奋斗目标。

（5）凝聚功能

对于民营企业来说，不论是增强思想政治工作的力度，还是积极推进企业文化的建设，其根本目的都是提升企业凝聚力。能称得上优秀的企业文化，就一定要具备健全的内部管理、良好的外部形象，能够增强企业内部的凝聚力和外部的竞争力，促使企业员工"认同"企业的观念、准则和目标，认识到自身处于企业之中的"使命感"，形成强大的企业向心力，推动企业做大做强。

3. 拓宽和深化企业文化的发展领域

（1）丰富企业的活动形式

充分发挥思想政治工作的宣传性，做到以理服人，以情感人，同时发起多样化、生动化的企业文化活动，以贴近群众的方式展开，提高其吸引力，增强其启发性。举例来说。企业内部报刊是一个不错的形式，通过企业橱窗、广播、电视与网站等平台进行展示，利用文娱体育活动的群众性，召开读书交流会或劳模报告会，组织历史文物等展览的参观活动，进行演讲比赛或知识竞赛，举办思想文化交流会和专业技术职能培训，等等。上述活动均能熏陶企业员工，能够提高他们的文化修养，让员工更加团结，促进生产经营的效率，提高整体经济效益。

（2）深化生产经营中心工作

以市场经济为背景，企业应立足于国家政策、市场变化以及企业实际条件，对企业发展战略作出决策，促使企业抓住机遇，推进改革，利用优势，修正目标，不断增强企业的市场竞争力。思想政治工作必须紧密围绕生产经营这一中心，才能真正做到从员工的精神力量到企业的物质力量的转换。

与此同时，企业的文化建设必须实际参与企业战略的制定过程，包括生产、经营与管理，监督产品质量，保障销售服务，如此方能有效提高企业的经济效益和社会效益。企业的生产经营，能够提供广阔空间，融合思想政治工作与企业文化建设的同一性和向心力，若能达成二者相辅相成、互推互助，必能提高企业的整体素质，优化企业员工队伍。大量事实证明：企业如果能够将企业文化和思想政治工作结合在一起，就能推动生产活动的进行，企业的资产也可以实现增值和保值，这类企业必然有着高尚的道德、良好的企业精神风貌、合乎规范的工作流程以及科学合理的管理制度，促使思想政治工作能够强有力地发挥作用，保证企业文化建设在生产经营过程中的能动性。因此，企业只有把握住生产经营的中心环节，有机融合企业文化建设和思想政治工作，才会激发出强大凝聚力，稳步踏上自我发展与完善的广阔道路。

（3）帮助职工培养目标

就当前情况来看，国企的思想政治工作任务和企业文化建设方面的追求目标，就是积极培养"四有"新人。该工作强调对员工的尊重与理解，并在此基础上加以关心和培养，配合思想政治工作的创新，促使企业员工发挥自觉性，积极提升认知水平，不断提高技能，增强综合素质。企业文化是企业开展管理工作经常使用的一种方式，企业文化的运作机理相对复杂，它在管理上坚持"以人文本"，力求帮助员工树立起符合时代要求的价值观，使得企业精神能够体现时代精神，把企业的工作环境与经营氛围塑造得更加和谐积极，使得员工与员工之间建立起更加文明的人际关系，由此将提高工作效率，推动企业的进一步发展。因此，企业文化建设和思想政治工作应围绕"四有"新人的培养目标进行有机地融合，具体分配任务，落实企业精神文明的建设。

（4）保证改革工作顺利进行

一般而言，企业的两大主题就是改革与发展，这个过程中企业需要集合各方面的智力支持和精神动力等。近年来，改革日益深化，企业将思想政治工作和文化建设结合起来，能够有效发挥二者的实效功能。首先，转变并创新思维，这是企业实施改革的一项要求，同时也是企业建立新型经营机制的要求，它们与企业的文化建设密不可分，同时也和思想政治工作的推进存在密切的联系，企业只有重视它们，才能突破传统观念的束缚，实现创新发展，企业必须要让思想政治工作发挥引导作用，要让企业保持活力。其次，企业文化能够科学指导企业管理，合理改善管理结构，充分调动员工积极性，开辟企业全新活力。除此之外，还能令企业认识到时代对人才素质提出的高标准和高要求，积极塑造有助于人才培养与成长的文化氛围与内部机制，从思想文化、道德观念以及专业技巧等方面全方位提升员工素质，进一步促进企业"文化力"对生产力的带动，创造良好的人才资源开发条件，对企业改革与发展的迫切要求加以满足。

（5）促进文明创建工作

企业文化建设和思想政治工作均为精神文明建设中的一大构成，企业在建立文明单位和文明小区时也要重视精神文明建设工作，只有将它们结合在一起，才能让企业实现健康发展。"三个代表"重要思想提出，要代表先进文化的前进方向是重要一点，因此，思想政治工作的创新应当寻找到合适的载体，将思想道德教育合理融入贴近群众的文化活动当中，使员工素质得到进一步的提升。形式上的灵活多变能够有效细化思想道德教育的内容，将观念、道德、思想等无形之物融入到实事、活动和比赛等有形之物中，真正落实企业思想政治工作和企业文化建设，在实际生活中争取最佳实效。

综上所述，我们可以得出结论，企业的思想政治工作首先保证了我国企业的基本发展方向，对构建企业文化起到了优化和弥补作用。但是，企业的思想政治工作如何融入企业文化建设，将这种促进作用最大化，这就成为了研究的重中之重。

二、思想政治工作在企业文化建设中作用的体现

在我国，要想形成具有我国特色的企业文化，必须融入思想政治工作因素。接下来，我们通过以下几个方面来说明，思想政治工作怎样才能融入到企业文化建设中去。

（一）通过思想政治工作塑造企业精神

企业精神这个概念，指的是在进行长期生产与经营中，为了企业发展与生存，为了将自己的社会责任与价值体系加以实现，而将具有本企业特色的而且被所有职工认同的企业群体意识加以形成，属于企业的个性与现代意识的表现。它是对企业价值观念、道德规范、行为准则、经营哲学、奋斗目标、竞争意识等的结合，高度提炼与升华了企业文化综合，多元性、广泛性、层次性非常明显。

站在作用与地位的角度，它是有关企业文化比较深层次的内容，对于企业文化来说，它是精髓与灵魂，对企业文化与员工行为规范有决定性作用，制约着企业的所有生产经营活动，而且会在企业员工的行为与思想中予以表现。关于表达，它跟说明书或别的公证制度的表述是不同的，通常使用的是蕴含哲理而且简洁的语言进行表述。大多数企业都有自己的企业精神，比方说 TCL 公司"敬业、团队、创新"精神；日立公司"日立精神——和、诚与开拓者精神"；IBM 公司"IBM 意味着服务"；海尔公司"敬业保国、追求卓越"；等等。

不过，企业精神都不是自发形成的，是在企业发展企业文化到某个程度之后，在自己的思想观念、风俗习惯、行为方式、意识形态等文化里面进行升华与提炼的结果。所以，要想将企业精神加以提炼，要想将它的作用加以分化，就一定要有组织的悉心呵护其成长，进而让所有员工在实践中加以运用。在此过程里，就刚好是思想政治工作里面的重中之重。我们要在培育与实践企业精神的过程中将思想政治工作加以渗透，需要将下面几点做好。

1. 要加强思想教育，使企业精神深入人心

企业精神并不是随着企业的出现而产生的，它属于群体意识，如果要想贯彻企业精神，进行思想教育是很重要的一种途径，使员工知道企业存在的意义与目的，并且知道自己是企业的一分子，对企业的意义如何，在企业改革对企业精神加以培养的时候一定要对此工作予以大力开展。在发达国家，他们的企业更多时候都在强调企业的创新发展和员工的团结协作，而在我国，企业要想建立企业精神，不能脱离集体利益和国家利益，因此我国的企业既有外国企业的精神，还将具有社会主义特色的东西加入，比方说集体主义、公益作用等。因此在进行职工教育的时候应该将企业生产和发展的动力源泉与精神支柱设定

为艰苦奋斗、爱岗敬业、求实创新、爱国主义、集体主义等精神。要使用党、政、工、团等渠道进行宣传。使用厂报、橱窗、网络、电视、广播等宣传工具，企业在建设企业文化时，必须坚持集体主义精神。要对员工进行长期的思想教育，要将企业精神融入到他们的心里，这种行动不仅可以让员工更加地爱集体、爱企业，还可以让员工之间更加和谐。并且让员工能够将自己的发展目标融入到企业的发展目标中，这能让员工为企业的发展创造更多的价值。

2. 要搞好榜样示范，引导企业员工实践企业精神

俗语有云：榜样有无穷的理论。在榜样树立起来之后，可以对员工的努力拼搏进行激励与引导，在对企业精神进行培育的时候，这是使用最多的方法。要及时树立榜样，这样企业精神才会变得形象化、具体化，这样就可以激发员工的思想斗志，这有利于企业发挥感召力。山东师范大学的一篇硕士学位论文使用树立榜样的办法对企业精神进行培养，而榜样可以是企业的实际领导者，即企业家，也可以是社会认可的优秀模范工作者。

（1）企业家应该积极发挥示范作用

就一个民营企业而言，企业家才是最关键的人物。企业家在经营管理中占据着重要的地位，我们在企业的日常管理中能够发现，企业家受到员工的尊重和认可，同时还可以从形成与发扬企业精神中对企业家的作用加以证实。企业界不仅设计了企业精神，还对这种灵魂加以塑造，还对企业精神加以实践，他们可以对员工进行感召与影响。企业家对自己特殊的职位加以利用，在员工中对企业精神加以倡导，企业家要发挥自己的模范作用，他们可以在生产和经营活动中自然地展现企业精神，这样做的结果就是员工对此进行模仿，进而对形成与完善企业精神加以促进。

（2）将企业中的模范员工的作用加以示范

获得荣誉称号的劳动模范、"五一"劳动奖章获得者、先进生产者、"三八"红旗手等，在企业的生产和经营活动中，这些劳动模范发挥的作用不容小觑，这些人推动了企业的发展，他们能够起到表率作用，是其他员工学习的榜样，企业要让他们充分发挥先锋作用。企业在建立企业精神时，有许多优秀的职工涌现出来，他们成为了企业精神的代表，例如王进喜、孟泰等人。这些先进人物以自己的行动，将企业精神赋予人格，说服力非常强，这样做不仅可以使员工对企业的认同感加强，还会让自己通过行动的方式对企业精神进行实践。

3. 要注重实践锤炼，不断丰富和升华企业精神

要做好思想政治教育工作，就必须做到理论与实际相结合，实践是企业文化的外在体现，企业精神只有在实践中才得以体现，并且在实践中进行贯穿。在实践中，才可以让企业精神在职工的行动与意志中加以贯彻，使企业精神在实践中能够得到不断地改进与完善，因此，要培养良好的企业精神，就一定要对实践加以重视，不仅指的是生产经营，也

包括企业管理，指具体的实践活动，如在企业内部开展企业知识竞赛、各类文体活动等。

（二）通过思想政治工作培育企业价值观

1. 哲学意义上的价值观

如果用哲学的眼光看待价值的含义，其指的就是客体之于主体的意义，是主客体之间的一种肯定或者否定的特殊的联系，人们通常在判断客体是不是有价值的时候会先判断客体对主体是不是有意义，是不是有用。所谓价值观则指的是人们对某种价值问题的最终观点与总的看法，一般人们在形成了一定价值观之后，人们的活动就会受到价值观的调节、约束与规范。

2. 企业价值观

企业的价值观则是指在企业的生产经营过程中，无论是企业的员工还是企业的高层都予以认可的价值取向，是企业员工的行为和生产经营活动价值的存在与否以及价值的大小进行的判断与形成的看法。例如，人类社会的每个个体都是有不同价值观的，每个企业的价值观也是不同的。如果企业有共同的价值观那么就可以使所有公司员工都有一致的文化认同感。培养价值观的途径是怎样的呢？思想政治工作的作用就发挥出来了。

3. 树立正确的企业价值观

在社会主义制度下，我国的方针、政策都会或多或少地影响企业的价值观。因此，在构建企业价值观的过程中，不但要将思想政治教育工作的政治优势发挥出来，还要把握好政治方向，提高政治理论教育水平，使得员工形成正确的三观。对职工进行正确引导，使他们能正确处理好个人利益、集体利益以及国家利益三者之间的关系，只有在坚持这个大方向下，企业文化才可以跟中国的社会主义国情相符。另外，在形成企业的核心价值观之后，就必须要通过做员工的思想工作，让企业内部员工了解企业价值观的具体内容，并让员工对此加以接受与理解，进而使企业共同的价值观形成。将对职工的培训工作通过多层次、多领域、多种形式的方式予以改进和完善，坚持马克思主义先进文化理论，批判那些相反的思想，将职工的学习与实践进行不间断地组织，使"敬业爱岗做主人，开拓创新谋发展，依托市场求生存，抓住机遇促改革"的理念能够成为全体员工的共识，为企业正确的经营理念的宣传工作做好铺垫。

（三）通过思想政治工作建设企业道德

在企业文化建设过程中，企业道德是其构建内容的重要组成部分，二者之间的关系可以比作"基石"同"大厦"之间的关系，企业道德的好坏与企业文化的好坏之间具有直接联系，若企业文化缺少道德规范、良好习惯以及风气风尚进行约束，就不是一个具有完整性与系统性的企业文化。尤其是我国在改革开放后，经济体制由计划经济体制转变为市场经济体制，个别人利欲熏心，对国家的法律法规和政策熟视无睹，违背市场经济的基本原则，通过违法途径或者其他不正当的手段，做出错误的企业经营活动与不道德的决定。比方说：有的领导干部有严重的官僚主义倾向，行贿受贿、玩忽职守、以权谋私，还有的企业忽视质量不讲信誉、坑害人民、唯利是图等，还包括员工道德淡漠，金钱至上、目无法纪、见利忘义、损公肥私等。

因此，应该使建设企业文化的力度加大，对建设企业道德予以重视，要想加强对企业自身道德的建设力度，就必须做好思想政治教育工作，使员工在学习过程中形成正确的道德观，在生产经营过程中能够始终坚持为人民服务，明确自己的社会职责，摒弃假、恶、丑之心，选择真、善、美之心。具体说来就是对企业道德进行规范的时候应该使用思想政治工作的手段，要做到下面几点：

1. 要借鉴和吸收中国传统的道德文化

我国广博、深邃的传统文化，是世界各国文明争先学习的典范。尤其是我国古代的传统美德，在现代企业制度中，也被赋予了新的含义。例如企业在构建企业文化过程中，可以向员工倡导爱岗、敬业、艰苦奋斗的精神；以及诚信为本、以和为贵等优秀的传统道德观，进而在建设企业道德与发展市场经济的过程中进行促进，使得企业文化的建设速度能够变快、步子迈得更大。

2. 要重视企业道德建设

在建设企业道德的过程中，企业领导者起主导作用，某种程度上说，影响并决定着企业道德水平的高低就是企业管理层的道德水平，若要将企业道德进行深入贯彻，企业的领导人一定要发挥其模范作用。不仅进行言传，还要进行身教，说话算话。实践表明，建设企业道德是不是有效，企业经营的道德水平好不好，跟企业领导者的素质有很大关系，跟领导者是不是重视的关系也很大。所以，企业的党组织不仅要使自己不断充实，还应该使自己的道德水平提高，使企业党组织的政治核心作用得以充分发挥，对建设企业道德亲自抓，在自己的工作日程中将研究、部署、落实、检查企业道德列为重点，对领导的表率示范作用予以发挥，在建设企业文化的过程中将良好的形象建立起来，对企业发展"两个文明"加以促进。

3. 通过教育培训全面提高企业职工的道德素质

第一，抓企业道德情感教育培养，使员工能够树立起高度的权利感、成就感以及职业责任感。

第二，要严抓道德培训，尤其是在员工上岗之前，要对员工进行岗前思想道德培训，对于在岗的员工也要进行定期培训，确保企业道德教育的长期性与连续性。

第三，抓企业道德认识培养工作，对员工开展道德规范、企业制度以及基本知识的培训工作，让他们自觉遵守"办事公道、服务群众、奉献社会、爱岗敬业、诚实守信"的职业道德，使他们的道德素养提高。

（四）通过思想政治工作实现企业目标

所谓企业目标，指的是企业高层领导根据企业生产经营的实际情况，在企业价值观的引导之下，根据社会需求趋势对企业未来的发展宏景给予确定的目标。根据不同的分类标准可以将企业目标划分成不同的种类，而根据目标层次来讲，可以将企业目标划分为终极目标和非终极目标，还可以对非终极目标加以划分，有长期目标、近期目标、中期目标这三个层次。以领域为标准来划分，有管理目标、市场目标、成本目标、利润目标等。企业目标指的是企业的未来与方向，会对职工有鞭策与督促的作用，让他们为实现未来目标而奋斗，是对员工进行激励的内在力量。在建设企业文化的过程中，企业目标是其重要内容，是企业的精神归宿与根本追求的体现。在企业将科学的发展目标制定出来之后，企业员工的方向就明确了，就会将个人利益与公司利益进行有机结合，让他们之间能够形成共同利益，进而使他们能够和衷共济、团结一致、共度难关，为实现企业目标而做出不懈努力。在践行企业目标的过程中，思想政治教育工作能够将自己的优势发挥出来，在建设企业文化的过程中让企业目标的激励作用能够得以充分发挥。

1. 开展目标教育

目标是指引人行为的方向，任何企业在确定了企业目标后，就应当充分发挥思想政治教育工作者的作用，对所有员工进行企业目标的宣传教育，使企业员工能够了解企业目标的具体内容，如企业目标的任务、机遇、外部实现环境、责任等，让员工形成使命感以及紧迫感，使员工在实现企业目标过程中，能够充分发挥自身的生产主动性、创造性、积极性，为了使企业发展加快、目标得以实现做出自己最大的努力。

2. 进行目标激励

思想政治工作的对象是人，对人的启发引导与正面教育是有讲究的。目标是充分调动人的积极性，具体措施就是要不断地进行激励。顾名思义，激励指的就是激发以及鼓励，一般指的是在特定的外在方法与内容的情况下，对人工作的动机加以激发，通过鼓励，让企业员工自觉形成内在动力，也是一种对人的积极性加以调动的一种心理活动。

目标激励方法能够有效调动企业职工的工作积极性，目标是外在的一个诱因，是进行激励活动的一个重要因素，有时会被人们称作目标性基因，即可以使人形成满足感的外在物。比方说海尔公司以"敬业报国"为目标激励员工；联想公司用"扛起民族微机工业大旗"这个口号对企业员工进行激励，他们的效果都很不错。思想政治教育工作者在对企业员工进行目标激励的时候应该对下面四点加以注意：一要使企业的目标与个人的职业规划形成一致；二要及时对已经完成的目标情况加以公布与评价，及时给予执行目标好的员工进行表扬与激励，不然就会影响这部分员工的生产积极性；三是实施目标要注意慢慢来，分步骤走。因为目标可以分为长期目标与短期目标，所以目标激励的时候应该脚踏实地，先做好近期的目标，接着在感受到自己的成就后为下个目标而努力，最后使长远目标得以实现；四是目标的难度要合适。如果目标太容易实现，员工就不会努力；而那些很难实现的目标会让大家没有信心。因此企业高层在制定目标的时候应该以"努力就有可能实现"

为指导原则，让目标不但具有挑战性，同时还兼具可行性。

（五）通过思想政治工作树立良好的企业形象

1．企业形象的定义

企业形象，指的是企业内部员工与社会外部人士对企业的整体形象的评价与看法，是企业文化以及个性特征在员工以及外部人士意识的反映，是企业在外包装后形成的外部形象，是企业精神的外在体现。

2．企业形象塑造的重要性

现阶段，市场经济不断完善，经济体制改革的深度日益加深，企业形象已经属于企业无形资产的重要组成部分。对于企业的发展前景以及增加企业效益的作用越来越重要，更成为企业在市场竞争中的一个获胜法宝。换言之，现代企业的竞争已经不再仅仅是产品的竞争，企业之间的竞争更多的体现在企业形象上的竞争。从企业内部来看，拥有良好的企业形象，对激发员工的归属感以及集体荣誉感都有着很大的作用，能够使企业凝聚力加强；从企业外部来看，良好的企业形象能够使企业的信誉增加，无论是对资金的引入还是人才的吸引都具有积极意义，使得企业在发展过程中，能够获得更多的社会外部力量的支持，进而使得企业在竞争过程中能够获取更多的竞争优势。

3．为塑造符合我国国情的企业形象，必须建立"中国型 CI"理论

为了将企业的形象提高，几乎所有大公司都将 CI 战略予以引入，要想将企业的形象进行传播与塑造，CI 战略是重要的手段与工具，是企业追求高信誉与良好的企业形象的一种重要的发展战略，CI 的英文全称是 Corporate Idelnjty，译为中文就是"企业识别"，在发展实践过程中，CI 在不断地发展完善，更加完善与复杂的企业识别系统也因此被建立起来了，也就是所谓的 CIS（Corporate Identity System），它具体包括三个识别系统，分别是：企业行为识别 BI（Behavior System）、企业视觉识别 VI（Visual Identity）、企业理念识别 MI（Mind Idemity）。这个跟企业文化的行为制度层、物质层、精神层正好是对应的，在这里面，核心的是 MI，很多国际品牌，比方说松下、索尼、佳能、IBM、麦当劳、可口可乐等，都对 CIS 现代经营战略加以借助，最后获得成功。

美国是 CI 理论的发源地，引入日本是在 20 世纪 70 年代，广东太阳神集团在 1988 年将其引入中国，之后推广到我国的广大内陆与沿海地区，其中包括中国建设银行、中国电信、大庆石油管理局等大型国企。不过 CI 理论毕竟是外国概念，要想发展中国的市场经济，就一定要培养"中国型 CI"，就一定要结合中国的民族文化与历史背景。

（六）通过思想政治工作促进良好人际关系的产生

思想政治工作是对人做工作，而人从本质上说不是一个简单的固有的抽象概念，关键是其现实性，它是所有社会关系的综合体，企业人际关系则是指人们在企业内部，在生产经营过程中进行的相互联系与交往。对其进行制约与影响的是企业规范与企业制度等，主

要指员工与领导、员工与员工、领导与领导之间的关系。在社会生活中，尽管人的根本利益有一致性，不过因为人的价值观念、知识水平与社会地位存在差别，会使具体利益发生不同。另外，因为人们有不同的爱好、兴趣与性格等，也会使矛盾产生，假如不进行及时化解，就会造成人际交往上的隔阂，让人们感受到各种矛盾与痛苦，对建设企业文化产生影响。而企业进行的政治思想工作，"培养人、提高人、教育人"是其着眼点，在进行有组织与及时的活动之后，可以将企业人员的素质加以提高，可以使人们的相互关系加以协调，让一个融洽的内部人员关系形成，让一个团结、和谐的工作环境形成。

第六章　国有企业思想政治工作与
文化建设的融合

第一节　国有企业思想政治工作与文化建设融合的
必要性与可能性

国企思想政治工作同其文化建设都是国企自身工作的重要组成部分，在国企的历史和现实发展中起着非常大的作用。当前进一步深化国有企业改革，既要做好企业思想政治工作，也要加强和推进企业文化建设。更为迫切的问题在于，在推动国企思想政治工作发展和解决它的文化建设问题的同时，必须正确认识和处理二者之间的关系，促进国企思想政治工作和它的文化建设的融合发展。

一、国有企业思想政治工作同其文化建设融合的内涵

加强国企思想政治工作同其文化建设的融合共建是一个系统工程，在深化国有企业改革过程中要发挥这个系统工程的作用，首先要对国有企业思想政治工作和企业文化融合共建这个概念有一个正确认识和把握，不仅要深入研究这个概念的基本内涵，而且也要深入地了解国企思想政治工作同其文化建设这两个具体方面之间有什么区别和联系。

（一）国有企业思想政治工作同其文化建设融合的含义

思想政治工作是按照党的宣传思想工作的原则，用马克思主义的唯物主义的观点和方法进行宣传和教育，解决人们思想问题和立场问题，使人们摆脱各种谬误与偏见的束缚，提升人们在认识世界和改造世界方面的能力。国企思想政治工作就是对它的广大职工进行马列主义、毛泽东思想和中国特色社会主义理论的教育，帮助它的职工坚持正确的立场，树立正确的观念，提高它的职工生产的主动性和创造性。对国企员工开展思想政治工作，就是通过思想工作与政治工作相结合的方式，针对国企的干部员工进行与国家、集体相关的统一教育，使党对国有企业的绝对领导的观念深入到国有广大职工中，从意识形态与精神状态的维度来激励国有企业职工的工作积极性与主动性，从而确保党在国企中的各项政治任务得以顺利实现，各项生产目标得以顺利完成。从国企的思想政治工作发展历史看，国企主要通过它的思想政治工作来实现党对国企领导的路线方针政策的宣传与落实；采用政治方式与思想工作方式对国企工作人员开展精神层面的教育与引领。

国企思想政治工作同其文化建设相融合，就是从国企的企业实际情况出发，把企业思想政治工作与企业文化密切结合在一起。一方面，企业思想政治工作是企业文化建设的核心与灵魂，通过对企业员工开展思想政治工作，不断提升企业员工的政治、思想和道德素养，来保证企业文化建设的正确发展方向，为企业文化的形成与发展打下良好的基础；另一方面，企业自身的文化建设对于企业的思想政治工作来说，又是一个不可或缺的工作载体，它对于推动企业思想政治工作的发展有着其他工作替代不了的独特作用。把企业思想政治工作同其文化建设很好地结合起来，在企业经营管理的各个环节中都能充分地贯彻和渗透企业文化建设，在不断加强企业文化建设，努力提升企业自身的文化发展水平的同时，也要促进企业思想政治工作的进一步发展，这样才会更有效地提高企业思想政治工作的具体效果。通过把思想政治工作与文化建设融合起来，使企业思想政治工作同其文化建设相辅相成，互相补充、相互协调，在它们共同发展的基础上推动国企既快又好地发展。国企文化建设同其思想政治工作的相融合，从根本上为国企的既快又好发展提供了一种强有力的保障。无论是从根本上加强国企的思想政治工作还是建立优秀的国有企业的企业文化，它们最终所要追求的目标，无疑的是要从整体上使国企的素质有一个比较大的改观。所以，在促进国企思想政治工作的发展和推进国企文化建设的同时，要积极寻找二者相互关联和相互促进的重要方面，从二者相互关联和相互促进这些方面入手，努力促进企业思想政治工作与企业文化建设的融合，这是在新常态下国有企业发展和壮大的客观需要。随着我国经济领域与政治领域各项改革的持续推进，我国的政治与经济体制优势不断地体现出来。国有企业改革也从早期的制度创新向当前的产权变革发展转变。产权变革的实质是混合所有制改革。混合所有制改革主要是向国有企业注入民营资本。这种混合所有制改革必然会对于国企员工的管理方式与激励手段产生较大的影响，对于国企员工的思想产生剧烈的震荡。面对这种比以往任何时候都复杂得多的发展环境，最根本的就是要想方设法地改进国企思想政治工作的方式方法，推进国企思想政治工作同其文化建设相融合。企业文化讲究人本管理、强调激励与约束、重视员工满意度与职业忠诚度，将企业文化建设的理念注入到国企思想政治工作中，会增强其时代性，显著地提升其工作效能。

（二）国有企业思想政治工作同其文化建设的一致性与差异性

国企思想政治工作和国企文化建设的概念含义各不相同，二者之间既存在着一定的密切联系，又有着明显的不同。

国有企业思想政治工作和企业文化建设的相同之处体现在如下三点。从其目的看，加强和改进国有企业的思想政治工作，全面提升企业文化建设，都是为了充分地把国有企业广大员工的生产积极性调动起来。无论是强化、改进国企的思想政治工作，还是进一步提高国企的自身文化建设，他们所取得的客观效果都可以不断提高国有企业的生产绩效和管理水平，把广大企业员工自身蕴含的创造性和主动性调动起来，在这个基础上使企业员工不断地提升他们的集体荣誉感，同时也使企业员工不断地强化他们的责任感和归属感，提高企业员工的凝聚力，从而不断提高企业的经济效益和社会效益，促进企业又快又好地发展。从其内容看，国有企业思想政治工作同其文化建设都把强化的重要方面和重要环节定位在企业的主体精神、企业自身的基本价值观、企业广大员工的素质和企业经营行为等几个方面。无论是全面提升企业精神，定立详细的企业行为准则，还是努力提升企业员工的整体素质，实现企业价值观与社会价值观的有机统一，都是企业思想政治工作和它自身文化建设的基础内容，也是企业思想政治工作和它自身文化建设的重点所在。从它的具体方式看，无论是企业思想政治工作还是企业自身的文化建设，都以追求实效性为出发点，努力拓展方式和渠道，创新方法和手段，以保障企业思想政治工作和企业文化建设活动既丰富多彩、又寓教于乐，富有启发性。

国有企业思想政治工作和企业文化建设的不同之处表现为三点。从内涵层面上来看，国有企业思想政治工作以习近平新时代中国特色社会主义思想为指导，从国有企业的现实情况出发，对国有企业日常改革发展和生产经营过程中所形成的各种思想认识问题和行为方式问题，给予全面而深入的疏导和解决，从而使企业员工能够心情愉悦、和谐融洽、凝心聚力地为企业发展贡献自己的智慧和力量，在国企内部对广大干部职工进行有规划、成体系的教育。企业文化则根植于外国企业管理理论，通过营造科学的企业管理环境、构建系统的企业管理方式，进而对企业工作人员的工作态度与工作行为进行有效的激励与约束。从目的层面上来看，国企思想政治工作着眼于修正企业员工的意识形态与政治意识，通过政治工作的方式对企业员工的行为进行引导。企业文化更为看重人本管理，倾向于通过员工的自我管理与自我约束来形成无形的企业文化理念。因此思想政治工作更为客观，而企业文化较为主观。从性质层面看，企业思想政治工作归根结底是一种政治色彩比较浓厚的理论教育，而企业文化建设属于管理范畴，侧重为企业的经济效益和社会效益服务，政治色彩不鲜明。

（三）国有企业思想政治工作的特点

国企思想政治工作同其他方面的思想政治工作相比，它具有如下方面的特点。

首先是其具有社会属性。国有企业自身是大社会环境中的一个构成分子，是一个相对独立的具有社会属性的经济组织，它自身的发展与壮大同社会的整体发展进步是紧密地联系在一起的。国企自身的发展与外部社会环境是紧密关联、不可分离的，它在发展过程当中必然会不断地受到社会经济、政治、法律和文化等各方面环境的制约，尤其是在经济和社会变革的重要历史时期，人们的思想和行为方式都会变得空前复杂化和多样化。这就要求国有企业思想政治工作者充分了解自身所从事的思想政治工作所具有的社会属性，并充分重视经济社会发展变化对思想政治工作者开展工作所造成的重要影响。因此国企思想政治工作需要紧跟社会发展大趋势，紧扣时代变化的脉搏。

其次是其具有实践属性。企业发展的外部宏观环境，相关行业发展的中观环境，个别企业自身发展的微观环境，对国有企业的发展都有重要的影响。国有企业思想政治工作不能自说自话，必须立足于客观事实，从国有企业的发展实际出发，对症下药，才能使国有企业思想政治工作收到实效。必须在讲政策层面，把国家的各项方针政策和基本要求切实贯彻落实到企业实际中去，并通过其对于企业经营管理的改善效果来评判其工作效能，因此国有企业思想政治工作具有较强的实践性质。

最后是其具有长期性和复杂性。人的思想认识是难以控制的，并且人的思想认识的变化也不是短期行为，需要一个长期的、逐渐变化过程。因此，国有企业思想政治工作是一个长期的、复杂的过程，经过简单的工作，在短时期内很难收到实效。国有企业思想政治工作者必须从思想观念上高度重视企业思想政治工作，增强自身对企业思想政治工作的责任心。

二、国有企业思想政治工作同其文化建设融合的必要性

增强国企思想政治工作同其文化建设的融合发展，对于加强国企思想政治工作的自身发展，以及对于加强国企文化建设的良性发展，其功效都是不可替代的。

（一）促进国有企业思想政治工作同其文化建设共同发展的需要

推动国企改革和建设事业向纵深发展，关键的是要在推进国企思想政治工作同其文化融合共建这个层面做更多更大的努力。这是因为，国企自身文化建设的不断发展，在客观上使国企思想政治工作的具体内容得到了空前的丰富，为国企思想政治工作的发展注入了新鲜血液。同时，国有企业的文化建设还为国有企业思想政治工作内容的拓展、观念的更新以及方法的创新奠定了重要的基石。这些方面加在一起就会形成一种新的综合力量，对于国企思想政治工作的良性发展产生重要的推动作用，使国企思想政治工作与国企的实际情况更加符合、更加贴近，使国企思想政治工作的实际效果得到前所未有的提高。而且，国企思想政治工作的顺利进行和良性发展，还会在一定程度上保证国企自身文化建设发展方向的正确和可靠。国企思想政治工作不仅为它自身的文化建设的良性发展提供一套行之有效的指导方法，也会使企业思想政治工作的教育作用、协调作用和引导作用得到积极有效地发挥，因而会更加有效地保障企业文化建设坚持社会主义方向。同时，国企自身的文化建设另辟蹊径，借助国企的思想政治工作不断增强自己的理论底蕴，塑造自己的文化灵魂，有利于进一步凝聚企业职工的改革和发展意志，激发企业职工的改革和发展斗志，推动国企在实践中不断创造辉煌。

（二）推进国有企业思想政治工作创新的需要

当前我国的国有企业主要是以增加利润、开拓经营市场为基本目标。因此以往形成和坚持的国有企业思想政治工作范式和路径与新时期国有企业发展的现状匹配程度越来越

低，影响了国企思想政治工作的实际效果。国企自身文化建设是企业管理的核心内容，因此把国企自身的文化建设同其思想政治工作结合在一起，把企业文化建设融会贯通到企业思想政治工作中去，这是一件十分必要的事情。

首先，把企业文化建设渗透和嵌入到国有企业思想政治工作的全过程，可以为变革思想政治工作的内容找到一条新路。国有企业文化不仅在内涵层面上能够拓展企业思想政治工作的边界，同时也能够使国有企业思想政治工作与时代和市场相接轨，从而显著地提升思想政治工作对于企业员工的激励效能，并将其物化为生产力。例如通过企业自身文化建设的基本手段可以深入凝练企业的精神文化，使国有企业思想政治工作能够更为直接地服务于企业经营管理。

其次，国企自身的文化建设可以有效地改观国企思想政治工作的方式和方法，将国企自身的文化建设思维引申到国企思想政治工作当中来，就可以极大地促进国企思想政治工作的基本工作程序与具体工作方式同国有企业的基本价值观念实现深度的融合，从而使国有企业通过企业思想政治工作不断地增强企业员工的凝聚力。

（三）增强国有企业思想政治工作对其文化建设控制力的需要

国企思想政治工作同其自身文化发展的融合共建，这对于国企思想政治工作的改善和发展而言，主要体现在可以增强国企思想政治工作对其文化建设的控制能力。

第一，增强了工作方向上的控制力。企业文化卓越与否与企业的资本情况紧密相连，在国有企业中建设企业文化需要以企业良好的经营管理为依托。从新中国国企自身的文化建设发展的历史过程来看，其特色就在于这种企业文化建设所具有的社会主义属性，因此企业自身文化建设的根本发展路径就是借助具有社会主义性质的企业思想政治工作。通过具有社会主义性质的企业思想政治工作，就可以把党的重大决策部署、路线政策及时地向企业员工宣传，能够有效地促进国有企业文化朝向社会主义方向迈进。

第二，增强了精神动力上的控制力。国有企业文化建设的内生动力在于企业广大员工的开拓性、创新性与进取性。而这种文化建设的内生动力同时又为企业的深入改革和发展提供了必不可少的条件。国企思想政治工作的本质就是塑造员工的敬业精神与爱国情怀，借助企业思想政治工作的手段对员工的思想动向进行动态的监督与纠正。

第三，增强了组织保障上的控制力。由于企业文化来源于外国资本主义制度背景，我国国有企业在进行企业文化建设的时候就需要对其进行"本土化"的修正，需要通过企业思想政治工作者与企业思想政治工作部门的支撑去进一步促动企业自身文化建设工作的发展。企业思想政治工作是党的独特优势，把企业思想政治工作的这种独特优势运用到企业自身的文化建设中是十分必要的。

三、国有企业思想政治工作同其文化建设融合的可能性

实现国企思想政治工作同其文化建设的融合发展同时具有一定的现实可能性。

（一）企业文化建设为思想政治工作提供了素材资源

在国有企业的自身发展中，企业文化建设可以作为一个重要载体对强化企业思想政治工作提供了重要的保障，使企业的思想政治工作能够在其自身文化建设中获得鲜活生动的素材资源。

首先，国企通过其自身的文化建设，可以非常显著地提高企业思想政治工作的群众参与程度。通过贯彻企业文化建设中的干部与员工双向进入和全员管理等基本原则，可以使思想政治工作改变以往的教育方式，使受教育者从被动接受转变成主动参与，增强自觉实践意识。从一些成功企业的历史发展可以看出，一种好的企业文化的建设，可以不断提高广大职工对企业的热爱和关心程度，提升员工对企业自身的改革发展的支持力度。

其次，国企通过自身的文化建设，也可以极大地丰富其思想政治工作的具体内涵。企业在自身文化建设中所贯彻的企业精神，所描绘的企业发展目标，可以增强员工对企业发展的美好憧憬，树立员工对企业发展的坚定信心，从而在一定程度上助推了企业思想政治工作发展。同时也为企业思想政治工作提供了一个更为广阔的场域，通过这个场域能够更加有效地培育企业员工的集体精神，规范企业员工的职业道德和职业行为等。

（二）企业文化建设为思想政治工作拓宽了创新思路

结合企业文化建设来推动企业思想政治工作，不仅可以给国企思想政治工作的发展指出明确的方向，同时也可以为国企思想政治工作的开展提供新的思路与新的渠道。

第一，国有企业要实现健康发展，既要抓物质文明建设，也要抓精神文明建设，两个文明建设要同时进行，相得益彰。企业文化能够促进员工队伍建设。因为员工是企业持续发展的动力源泉，并且良好的企业文化的建设可以有效地促进企业员工的思想道德素质和业务技术水平的提升。在企业文化建设理念的作用和影响下，企业思想政治工作就可以在队伍建设方面进一步打开局面，不断拓展思想政治工作新渠道，在深化政治理论学习的过程中对广大员工加强发展形势与发展任务的教育；通过积极开展解放思想大讨论活动，通过组织岗位创新活动，促使企业广大员工不断地解放思想，彻底地转变观念，从而更快地提升素质和增长才干。

第二，构建以人为本的和谐企业文化，在一定程度上拓宽了企业思想政治工作的工作渠道。当前发展阶段我们国家对于国企自身文化建设的基本要求，主要是在国企改革和发展过程中，坚持以习近平总书记系列讲话精神为统领，积极探索以人为本的企业文化建设的基本途径，创造一个能够不断激励企业员工自我发展的文化氛围。在这种基本理念的影响和指导下，国有企业当中的思想政治工作就可以按照党的群众路线的基本要求，在坚持正向激励基本原则的基础上，努力拓展工作渠道，挖掘和调动企业员工的工作热情和创造潜力，建设一支意志坚强、技术精湛、作风过硬的员工队伍，为企业的创新发展提供有力的支撑。

第三，从管理理论与管理方法统一层面看，国有企业要想保持市场竞争的优势力量以及核心竞争力，必须提升产品的质量和信誉，而提升产品的质量和信誉，也与企业文化建设息息相关。那就是，企业产品质量和信誉的提升主要是通过加强思想政治工作和加强企业管理，而加强企业思想政治工作和企业管理，都离不开企业自身文化建设的有力推动。最近几年以来，有许多大中型国有企业出于拓展市场和谋求自身发展的客观需要，在加强质量管理过程中建立和完善了高标准的质量管理体系。在建立和完善了高标准的企业质量管理体系过程中，企业党组织不断强化思想政治工作，通过行之有效的思想政治工作统一员工思想认识，强化质量意识，增强服务理念，提升管理能力等。这种思想政治工作也是锻造卓越企业文化的过程。

（三）企业文化建设丰富了思想政治工作的形式和载体

企业自身的文化建设的发展为国企思想政治工作的推进准备了恰当的形式和载体，主要体现在几下三个方面。

一是为国企思想政治工作的发展提供了企业精神文化方面的载体。企业精神文化是一个企业在长期生产经营活动中积淀和传承下来的，是这个企业各种文化当中的最深层次和最核心的部分，是整个企业文化构成的精髓所在，能够对企业的改革发展形成一种深刻的渗透力。企业精神文化根植于企业员工的内心，通过一定的习俗或仪式加以呈现。特别是企业价值观同企业精神，是促进企业思想政治工作同其文化建设相融合的重要手段，而这种发展手段的作用能否真正得到彰显，要求企业思想政治工作为其提供一种正确的思想导向。

二是为国企思想政治工作的发展提供了企业制度文化方面的载体。企业制度文化是企业文化中担负着文化理念转化为自觉行动的中介职能组成部分。这种制度文化要求企业制度性硬约束要同企业思想文化软管理紧密地结合在一起，只有这样才能保障广大员工的主人翁地位。而要真正发挥企业制度文化载体功能，同样需要企业思想政治工作为其提供强有力的指导，这样才能够使企业制度文化的具体内容得到逐步的优化，使它更好地发挥提升企业思想政治工作实效性的载体功能。

三是为国企思想政治工作的发展提供了企业行为文化方面的载体。企业行为文化是企业文化中比较显性的部分，对企业员工的生产和学习等行为起着导向作用。它的构成主要来源于两个层面：一个是企业的生产、营销、市场开拓、产品研发等生产经营范畴的行为；另一个是能够折射企业精神文化的行为，通过这些行为和活动可以使企业哲学、企业价值观、企业精神得以充分展现。企业行为文化这两个方面的构成，对企业员工的生产和学习等行为起着导向作用，从而为国企思想政治工作的发展提供了重要的载体。

第二节　促进国有企业思想政治工作与文化建设融合的对策

促进国有企业思想政治工作同企业文化融合共建，充分发挥它们的整合优势，是克服国有企业思想政治工作同其文化建设中存在的各种问题，促进国企思想政治工作和企业文化建设共同发展的重要手段。在全面考察二者融合共建已经取得的进展以及准确把握二者融合共建过程中存在的问题，具体分析存在问题成因的基础上，采取相应的具体措施，促进国企思想政治工作与企业文化建设的有机融合。

一、加强国有企业思想政治工作同其文化建设相融合的理论研究

促进国有企业思想政治工作同其文化建设相融合，必须不断加深融合的理论研究，同时也要加强企业文化建设的科学研究，在加深融合理论研究的基础上推进国企思想政治工作同其文化融合共建。

（一）加强国有企业思想政治工作同其文化建设相融合的理论研究

任何实践都必须有正确的理论作指导。国有企业思想政治工作与企业文化的融合共建也必须有具体的融合理论为其作指导，才能确保国企思想政治工作与企业文化融合共建实践健康有序地发展。长期以来国有企业在推进企业思想政治工作与企业文化融合共建的过程中，存在重业务轻理论的现象，进一步推进国有企业思想政治工作与企业文化的融合共建，必须强化理论建设意识，深入开展国企思想政治工作与企业文化融合共建的理论研究。具体而言，就是要围绕思想政治工作的意识形态培育、社会主义核心价值观与企业价值观相结合的研究，深化国企思想政治工作的途径和方式的研究，深化国有企业文化建设的目标和路径等的研究，深化国有企业思想政治工作和企业文化融合共建的方法和路径等的研究。但需要注意的是，针对二者相互融合的研究不能脱离当下国有企业改革的主要目标，要紧密围绕二者融合对于国企改革中的产权制度改革、公司治理制度的改革、企业管理制度的改革等方面的影响展开必要的研究。企业思想政治工作同其文化建设都无法脱离正确理论的指引，二者相互融合工作的开展需要坚实的理论基础与政策意见作为支撑。加强二者融合的理论研究，并不意味着仅仅从理论的维度进行割裂的研究，应该遵循从现象到本质的研究脉络，注重理论研究的同时，侧重于理论研究的实效性与指导意义，真正做到理论与实践层面的相互统一。

（二）深化企业文化建设的理论研究

进一步加深企业自身文化建设的理论基础的研究，也是促动企业自身文化建设与国企思想政治工作相融合的重要基础和前提。只有不断深化国有企业文化建设的理论认识，才能继续促使国企文化建设更好地向前发展，更好地推动国企思想政治工作与企业文化建设

的融合。从新中国成立以来，在国有企业的建立和发展过程中，形成了底蕴深厚、卓尔不凡的企业文化，鞍钢的"鞍钢宪法"、大庆油田的"铁人精神"、航天科技集团的"航天精神"、中国兵工集团的"人民兵工精神"等，这些都是我国国有企业优秀文化的集中体现，是国有企业文化建设的丰硕成果。但是一直以来，我们把企业文化建设的重点放在了不断推动建设实践发展方面，而忽视了企业文化建设理论的认识和总结，形成了企业文化建设的基础理论研究落后于其具体建设实践的局面。企业自身的文化建设基础理论的研究发展进展缓慢，不仅导致国有企业在企业文化建设实践中缺乏中国特色的企业文化建设理论的指导，而且也会导致国有企业文化建设成果和意蕴无法得到传承与积淀。因此加强企业文化的科学研究不仅需要从理论层面着手，探索符合我国国有企业特征的企业文化理论，同时更要服务于国企改革，形成符合我国国情的"本土文化"，能够做到与西方经典的企业文化理论优势互补，从而形成科学的企业文化理论体系。具体而言，应从以下三方面着手来加强国企企业文化的科学研究。

第一，针对企业文化对于提升国有企业内部控制的有效性方面进行研究。企业文化是针对企业内部管理方式与运作流程的高度总结与科学凝练，卓越的企业文化一定是特定企业在企业运营管理方面成功做法的深厚积淀，因此应围绕企业文化对于增强企业生产运作管理，进而促进企业通过内部控制实现降本增效、开源节流等方面进行深入研究。

第二，针对新时期企业文化的建设路径展开研究。企业文化建设的具体路径并不是一成不变的，企业文化的培育与建设需要紧密结合时代背景与国有企业的发展现状来展开，并且伴随着企业不同阶段的生命周期，企业文化建设的工作重心也不尽相同，因此，应注重采用动态分析的视角来对新时期的国有企业文化的建设路径展开研究。

第三，围绕企业文化对于思想政治工作发生作用的具体的机理进行相应的研究。企业自身的各种文化方面的建设同思想政治工作的影响因素众多，不仅包括外部环境，企业内部的经营管理环境也尤为重要。因此应该在深入挖掘二者影响因素的基础上，从理论的角度提出企业文化对思想政治工作的影响和促进作用，并在这样的前提下准确地构建企业自身文化发展促进思想政治工作的作用理论模型，以指导国有企业文化建设的具体实践。

二、打造国有企业思想政治工作同其文化建设联动体系

促进国企思想政治工作同企业文化的融合共建，必须进一步加强对国有企业的现代企业精神的凝练，合理布局企业思想政治工作，周密地布局其各方面的文化建设，厘清国企思想政治工作的机构的职责和权力，打造国企思想政治工作同其文化建设的联动机制，建立国企思想政治工作同企业文化建设融合共进的联动体系。

（一）凝练国有企业的现代企业精神

深入凝练国有企业的现代企业精神，是共建国有企业思想政治工作同企业文化融合共

建联动体系的基础和前提。中国国有企业的现代企业精神，是一种具有中国特色的现代企业精神，它是中国国有企业在其成长过程中形成的现代意识与自身个性相结合的一种群体意识。这种现代企业精神强调在采用先进的管理理念与管理方式对企业生产经营进行科学化管理的同时，重点突出中国共产党对国有企业的全面领导。中国共产党是国有企业的领导核心，新时期国有企业改革不仅不能削弱党的领导，同时还要进一步强化党对国有企业的领导。国有企业被国家与人民赋予了比民营企业更多的政治责任与社会责任，因此必须既要坚持现代生产经营意识，又要坚持党的领导，不断凝练国有企业的现代企业精神。

首先，凝练精神文化层面的国企现代企业精神。凝练精神文化层面的国企现代企业精神是凝练现代企业精神的本质要求。通过凝练文化层面的国企现代企业精神，形成能够反映国企员工群体意识、集体行为与管理优势的工作思路与行为准则，能够赋予企业经营哲学以鲜活的"人格"，能够促进国企广大干部职工的工作积极性与工作热情，更能够显著地增强国有企业的团队领导力与员工向心力。

其次，凝练物质文化层面的国企现代企业精神。凝练物质文化层面的国企现代企业精神就是要求国有企业注重自身的品牌管理，强化企业形象建设，进一步强化国企广大员工的工作态度与行为价值观念的塑造，从而增强国有企业的社会形象。同时注重国有企业团队精神的凝练，使国有企业中的管理制度与规章法则中所体现出来的团队作用与团队精神的理念，能够通过现代企业精神的凝练而得到升华。

（二）合理布局国有企业思想政治工作同其文化建设

构建国企思想政治工作同其文化融合共建的发展体系，应该在统筹促进国企思想政治工作同其文化建设发展方面下功夫。企业中的各项文化建设对它的每一个员工的深度价值观念的形成虽然是非常重要的，但是企业员工原有价值观念要实现真正的转变，还需要在企业思想政治工作的各项引导之下去进行。不进行行之有效的企业思想政治工作是无法从根本上转变员工的思想价值观念的。同时，企业文化建设在内容方面也要不断地加以丰富。要做到这一点，就要借助企业文化建设把过去习惯上只注重在思想上对广大员工进行宣传和引导的做法，转变为在精神上加强对广大员工的内在的正向激励，让企业的每一位员工都对党的方针和政策形成深刻的认识，变企业思想政治工作为文化建设的具体行动，增长企业中每一位员工的基本业务素质，这样才能真正推动企业发展。在做好企业员工思想政治工作的同时，也要丰富思想政治工作的具体内涵，创造思想政治工作的新形式，这也同样要求企业思想政治工作同其文化建设融合发展。所以，企业思想政治工作与自身的文化发展是紧密联系无法分割的。合理布局国有企业思想政治工作，科学规划企业文化建设，特别要重视以下两个方面。

第一，促进组织机构层面的国企思想政治工作与企业文化工作的合理布局。国企可以从岗位设置、人员配备等维度对国企思想政治工作与企业文化工作融合布局，从打造二者融合的实体机构出发，赋予该部门充分的权利，使该部门成为国企组织的智囊和智库，成为国企思想政治工作的重要高地，通过组织结构完善，使国企思想政治工作与企业文化建设工作融合成为现实可能。

第二，在制度体系层面拓展国有企业思想政治工作与企业文化建设相融合的边界。当前我国国有企业中一些制度体系趋向固化与老旧。这种固化与老旧的制度体系不能够满足新时期国有企业思想政治工作与企业文化建设的需要，同时不利于积极有效地促进二者的有机融合。因此十分有必要在制度体系层面强化国企思想政治工作与企业文化建设的互相融合。具体而言可以从两个方面来布局国企思想政治工作与企业文化建设工作：一是从现代企业精神的精神文化维度来布局国企思想政治工作与企业文化建设工作。可以借助精神文化塑造的科学方式来不断强化国企干部职工的政治意识与核心意识，通过领导力、战略力与执行力等现代企业精神中的精神文化等先进理念，来持续的修正与丰富国企干部职工的思想倾向与行为规范。二是从现代精神的物质文化维度来布局国企思想政治工作与企业文化建设工作。可以从完善制度体系、规范运作流程、创新组织结构等方面对国企思想政治工作同其文化建设进行改变，并有效促动它的顶层设计同它的基层互动的良性结合，并将相关的工作规范写进公司章程中去，使二者相互融合组织化、制度化、法制化，成为指导公司发展的核心。

（三）明确企业思想政治工作同其文化建设机构的职责与权限

推动国企思想政治工作同企业文化建设的联动发展，既要进一步明晰其企业思想政治工作的职责和权限，也要进一步厘清其企业文化建设机构的职责与权限。国有企业思想政治工作肩负着企业文化建设的部分职能，企业文化建设机构也在干预着思想政治工作部门的常态化工作，导致二者不能形成高效运转，相互协同。应该强调的是企业思想政治工作最基本的出发点是消解其干部和员工的深层思想矛盾问题，通过排解矛盾，进而矫正企业员工的错误意识与思想，是一项意识形态性极强的工作。而企业文化建设工作则侧重于通过梳理科学系统的管理体系，从本企业实际出发，提炼并打造符合本企业的核心价值观与发展愿景。因此二者之间存在边界，这个边界就是意识形态的边界。所以思想政治工作不能错位，需要在强化企业领导与员工的政治意识与责任担当者方面持续发力，而企业文化工作也不能越位，需要不断的增强企业员工凝聚力与向心力，为国有资产保值增值的任务保驾护航。要实现这样的目标，就必须要明确国有企业思想政治工作和企业文化建设机构的职责与权限。

（四）打造国有企业思想政治工作同其文化建设的联动机制

促进国企思想政治工作同企业文化建设的联动发展，需要相应地形成国有企业思想政治工作同企业文化融合共建的联动机制。国企思想政治工作与企业文化建设工作中不仅存在职能交叉的局面，同时缺乏有效保障二者融合的调协联动工作机制。形成国有企业思想政治工作同企业文化融合共建的联动机制，要重视以下两个方面：

第一，构建促进融合的服务机制。建设这种促进融合的服务机制，就是要在国企中构建"对外互动、对内联动"的工作运营模式。通过这种工作运营模式，对于国企思想政治工作与企业文化建设工作中存在的矛盾与问题进行及时的排解和处理。在这种工作运营模式的基础上，能够确立一种快速反应与高效处理的服务机制，促进二者融合协调统一。

第二，通过确立这种具有较强执行力的执行机制，从具体的运作机制上保证国企思想政治工作同其文化建设的具体要求与政策指示能够有效地传导至企业基层，通过明确国企思想政治工作与企业文化建设工作职责范围与权限分布，通过制定科学严谨的工作流程与制度体系，确保能够把思想政治与企业文化建设等各项工作落实到位处，而不是流于形式，更不是疲于应付。

三、加强促进融合的人才队伍建设

促进国有企业思想政治工作与企业文化建设的融合，必须严格专业人才的招聘和选拔，不断加强专业人才的培训，在加强人才选拔和人才培训的基础上，构建符合国有企业思想政治工作同企业文化融合共建需要的两用人才队伍。

（一）加强专业人才的招聘和选拔

加强国企思想政治工作同其文化融合共建的专业队伍建设，必须严格专业人才的招聘和选拔。目前制约我国思想政治工作与企业文化建设相互融合的一项最重要的瓶颈就是人才短缺的问题。而解决人才短缺问题的前置条件便是处理好人才的招聘与选拔工作。当下我国国企中从事思想政治工作与企业文化建设工作的人员多是"半路出家"，同时相关岗位的工作人员年龄偏大。人员能力的不足及人员结构的失衡导致了国企思想政治工作与企业文化建设工作行动迟缓。改变这种状况必须从强化专业人才的招聘和选拔工作入手。

当前我国一些市场化经营程度较高的国有企业均已经尝试通过市场化途径选聘党建工作、思想政治工作以及企业文化建设工作的工作人员。例如新兴际华集团尝试将"职业经理人制度"引入企业思想政治工作，面向全国国资国企系统科学地招聘与选拔企业思想政治工作人员。在招聘过程中，通过运用人才测评系统以及专家打分等科学化手段，提升人才筛选的科学性。中国电子科技集团通过在企业二级单位党组及其相关的思想政治工作单位、企业文化建设单位推行"量化有效性党建"，将思想政治工作与企业文化建设工作绩效用 KPI 指标等科学手段进行量化管理，提升工作业绩的可视化程度。并以相关的评估结果为依据，在企业内部进行人员选拔，真正实现无论是从事企业思想政治工作的人员还是从事企业文化建设的工作人员均是精兵强将。

（二）加强专业人才的培训

加强国企思想政治工作同其文化融合共建的专业队伍建设，也要在加强对符合二者融合共建需要的专业人才队伍的培训方面下功夫。员工培训是缩短组织对员工工作期望与员工实际工作绩效之间差距的行之有效的解决途径。一些国有企业不重视在企业内部对员工进行培训的工作，这其中固然存在国企经营压力大等现实因素的制约，但这种现象的出现更与企业领导不重视培训工作有很大的关系。著名管理学家彼得·德鲁克曾经说过，培训是解决企业管理问题的有效手段，培训能够将企业的问题以案例的形式重复展现。因此，针对目前国有企业从事思想政治工作与企业文化工作人才队伍建设中存在的相关问题，必须要以强化专业人才的培训为抓手。具体的措施包括以下两个方面：

第一，在企业中广泛地培植培训工作文化。培训工作是"一把手"工程，培训工作的顺利开展，首先需要对企业的领导人员进行相关的知识体系培训，通过样板效应与示范效应，增强培训工作在企业中的影响力。

第二，提升思想政治工作与企业文化建设工作的针对性与时效性。目前国务院国资委要求国企应该强化党建工作。具体的做法是根据国家相关政策要求，在企业员工的知识体系以及工作与业务能力等方面进行全面培训。并且要特别注重培训方式方法的运用，针对领导人员应侧重于研讨交流的形式，促进领导干部之间的经验分享；针对工作人员应侧重于专题讲座的形式，通过理论学习与标杆学习不断地提升相关人员的知识水平与工作能力。

（三）建立人才队伍备选库

打造一支适应国企思想政治工作同其文化融合发展需要的思想政治工作和文化建设的专业队伍，进一步推动国有企业思想政治工作同企业文化的融合共建，也要在建设人才队伍备选库方面加强工作力度。目前来看，制约国有企业思想政治工作与企业文化建设工作人才短缺以及人力资源管理问题的重要因素，便是从事思想政治工作与企业文化建设工作的人员没有形成梯队发展的人才格局。比如，当前从事思想政治工作的精干人员较少，而新进人员同时面临着能力水平与知识水平的双重制约，从而导致了思想政治工作与企业文化建设工作人员的"空心化"与"断层"化现象的出现。解决这一问题的有效手段是在国有企业中构建思想政治工作与企业文化建设工作人员的"梯队化"管理格局，通过建立国企思想政治工作与企业文化建设工作人才储备库，优化思想政治工作与企业文化建设工作岗位工作人员结构，使国有企业中从事思想政治工作与企业文化建设工作的人员形成"老、中、青"三结合的人才架构，通过"老带新、传帮带、师带徒"等形式不断地提升在岗人员的工作能力，并注重在企业内部与行业内部进行人才的选拔，使企业思想政治工作和企业文化建设工作人才的培训、招聘与选拔工作与建立人才储备库工作相互支撑，保证企业思想政治工作与企业文化建设工作岗位有源源不断的"活水"引入。

四、丰富国有企业文化建设的内涵

促进国企思想政治工作同其文化建设的融合发展，也要广泛地在企业文化中融入与之相适应的推动其健康发展的商业意识和竞争意识，构建国有企业价值观与社会公共意识的平衡机制，从而丰富国有企业文化建设的基本内涵。

（一）在国有企业文化中融入竞争意识

丰富国企自身各项文化发展的具体内涵，促使国企思想政治工作同其文化建设的有效融合，需要在国有企业文化中融入竞争意识。在国有企业文化中融入竞争意识，就是要进一步建立国有企业的市场化经营机制，通过不断促进企业技术创新和商业模式创新的速度与程度，使国有企业主动融入全球的竞争环境。而重塑企业文化，在企业文化塑造中不仅需要强化党的政治核心与领导核心的作用，同时还需要培养企业的竞争文化与商业文化，培养既讲政治原则又讲市场原则，既讲政治规矩又讲管理方式的科学合理的企业文化环境与企业文化内容。另外值得注意的是，当前国有企业普遍面临去产能与保增长的经营压力，同时国务院国资委对于中央企业的考核更加的严格与科学，因此中央企业应该在收支平衡、利润增长等方面持续发力，在合理控制国有资本的流向与布局的同时，努力实现国有资本的保值与增值。而实现这一目标最为行之有效的抓手就是在国有企业文化中融入竞争意识、商业意识和利润意识，通过树立企业内部的管理人员与工作人员的科学管理意识，以科学的企业文化理念促进企业内部管理水平的提升。

（二）构建国有企业价值观与社会公共意识的平衡机制

丰富国企自身各项文化发展的具体内涵，促使国企思想政治工作同其文化建设的有效融合，也需要努力建造国企价值观与社会公共意识的平衡机制。这是因为，国有企业不仅承担着政治责任与履行国家对于国企的政策要求，同时亦肩负着履职社会职责，在保证国有资产保值增值的同时，注重主动作为并承担社会责任。当前我国普遍面临着经济形势低迷，产能过剩与需求不足的矛盾凸显，民间投资下降等一系列的问题。在这种情况下，国有企业更应该在国民经济发展中发挥引领示范作用，注重引导国有资本流向有关国计民生的行业以及公用领域。因此，必须构建国企市场化经营价值观与社会公共意识相互统一平衡的管理机制。

构建国企市场化经营价值观与社会公共意识相互统一平衡的管理机制，首先要构建国有企业市场经营机制与服务社会的管理机制。在企业文化建设上，注重将企业政治使命与社会责任相结合，确保在党的领导下，企业能够在市场经营与服务社会两个方面同时发力。

构建国企市场化经营价值观与社会公共意识相互统一平衡的管理机制，也要在人员配备上实现企业经营管理与企业文化建设的平衡统一。针对目前国企普遍存在的"重业务、轻党建"的现象，应该充分保证企业思想政治工作部门与企业文化建设部门相关工作人员的充分配备，强化经费管理、制度体系、流程规范等方面建设，并将国有企业服务社会的核心经营理念写进企业章程，使其制度化、法制化。

五、加快企业思想政治工作同其文化建设融合机制建设

推动国企思想政治工作同其文化建设融合发展，还要建立和健全企业思想政治工作同企业文化融合共建机制。

（一）构建企业思想政治工作同其文化建设融合机制

首先应侧重借助企业文化来强化组织功能。通过企业自身各项文化建设同思想政治工作的相融合，企业思想政治工作的相关人员可以充分地利用企业文化建设的多样化途径与渠道，在国企治理中党组织法定地位、党管干部的工作原则、领导干部的思想水平等方面拓展工作思路。同时，形成企业思想政治工作同企业文化建设融合机制，也要进一步依靠加强企业自身的各项文化建设努力地促使国企思想政治工作的团队建设。通过这样的方式实现国企思想政治工作人员的思想道德水平、思想政治工作人员的队伍构成等各个层面的优化。推动企业思想政治工作同其文化融合机制的最终形成，也要借助企业文化建设来扎实国有企业的工作重心，夯实企业核心价值观等核心经营理念，真正形成"全员管理、共同发展"的良好格局。此外，推动企业思想政治工作同其文化融合机制的最终形成，还应该借助企业自身各项文化建设去建造思想政治工作的适宜环境。

（二）厘清企业思想政治工作同其文化建设相互融合的内容

进一步推动企业思想政治工作同企业文化融合共建的一个重要前提条件，就是准确找到能够从根本上推动二者融合发展的着力点。由于企业文化是在企业长期经营实践中持续沉淀和积累的结果，因此在促进企业思想政治工作与企业文化工作融合方面，企业首先需要以"稳增长、调结构"为融合的发力点，为确保国有资本保值增值的同时，充分发挥国企思想政治工作的科学方式方法，对经济运行过程中不正确的理念与思维予以纠正，从而确保企业相关工作制度的科学化规范化，并努力做到将企业内部卓越的文化渗透到思想政治工作当中。同时应着重宣传企业"物质文化"，进而完善企业思想政治工作与企业文化建设相互融合内容。考虑到国企"物质文化"的重要性，应从技术创新与管理创新的视角努力使思想政治工作与企业文化工作有效融合，例如在企业品牌塑造、客户管理、产品管理、成本管理等方面，通过引入思想政治工作的科学方法，加以企业文化建设的持续培养，营造国企依法合规管理的良好环境。

（三）培育思想政治工作同其文化建设相融合的制度体系

在国企中进行有效的思想政治工作是新中国成立以来的一项优良传统。开始于20世纪70~80年代企业文化建设也已经经历了一个长时期的发展。所以，当前国企思想政治工作与企业文化建设都已经形成了各自的成熟的制度体系。并且，在国企思想政治工作与企业文化建设工作制度层面存在着一定的交叉共通的内容。因此，共建符合当前国企改革要求的思想政治工作同其文化建设融合发展的制度系统，应以国企思想政治工作同其文化

建设工作制度层面存在着的交叉共通的内容为基础共同去努力推进。

一是打造国企思想政治工作同其文化建设相融合的导向制度。打造符合当前国企发展需要的企业思想政治工作同企业文化融合共建的导向制度，它的根本目的就是要借助确立这种导向制度，努力将企业的价值观念、思想观念以及经营管理观念集中统一到符合企业稳定持续健康发展的轨道上来。通过导向制度的建立，使企业文化与思想政治工作协同发力，实现二者的有机交融。

二是推动国企思想政治工作同其文化建设相协调的各项具体制度的融合。部分国企存在工作效率低下的问题，产生该问题的根本原因在于员工与企业诉求时有冲突，从而导致职工与组织之间可能会产生问题与矛盾。由于国有企业思想政治工作与企业文化建设工作都有其各自的协调功用，所以要有效地激发思想政治工作的正向引领作用与企业自身各方面文化发展的凝聚功能，促进国有企业的文化建设工作同思想政治工作在具体的协调制度上真正较好地融合在一起，以使国企的思想政治工作同其文化建设可以取长补短，优势互补，共同发展。

第三节　国有企业思想政治工作与文化建设的共生策略探索

一、培育企业核心价值观，强化共生单元

价值观是企业的基本理念和信仰，构成了企业文化的核心，是企业文化的基石，它可以是很广泛很抽象的概念，亦可以集中于非常具体的内容。核心价值观，是企业经营理念的精髓所在，在国有企业中，企业的核心价值观是以社会主义核心价值体系为基础的，这同时也是企业思想政治工作需要遵循的指导思想和精神源泉。因此，在推动企业发展的过程中想要两者共生，必须不断强化共生单元，培育企业的核心价值观。

（一）明确两者目标，实现有机统一

"企业的使命和任务，必须转化为目标"。在市场经济条件下，国有企业要不断提高企业自身的竞争力，首先要树立明确的发展目标。这一目标的确立，也包括了企业思想政治工作的目标和建设企业文化的目标，这种目标应是企业正式提出并在全体干部职工中积极倡导的群体价值观和行为规范。

确定企业思想政治工作和企业文化建设的目标，让二者实现有机统一。一方面应积极考虑目标企业文化的可行性、现实性，利用思想政治工作的优势，做好人的工作，实现思想政治工作理念创新。坚持以人为本的理念，维护企业职工的利益诉求，在实现企业经济

效益的同时注重发挥企业的社会效益，从而使企业的发展具有全面性、协调性和可持续性。同时发挥思想政治工作对员工的积极引导和启发作用，把帮助他们树立正确的价值取向作为企业文化的一个重要方面，使企业文化建设和思想政治工作有效结合，培育企业的核心价值观。另一方面，要着重考虑目标对企业竞争力的推动作用，要通过目标的确立和实现过程保障国有企业开展思想政治工作，保障企业党组织的政治核心作用和"参与决策、带头执行、有效监督"三项基本职能的履行。

（二）形成舆论氛围，保障监督有力

良好的氛围是企业软实力的一部分，这种氛围比制度的限制可能更有效。通过前文的论述，我们发现群团组织在国有企业思想政治工作与企业文化建设中发挥着重要的作用，这些组织聚集着企业大部分的职工群众，是企业员工日常交流的重要载体，在引导和形成企业舆论氛围中发挥着不可忽视的作用。

同时，国有企业思想政治工作和企业文化要实现和谐共生，离不开企业内部严密有效的监督力量。两者的不断探索和发展都是一个动态的过程，在这个过程中可能出现很多问题，这时，就必须发挥独特的群众工作的优势。具体来说，就是加强党组织对国有企业工会、共青团等群众组织的领导，并且对这些组织日常工作的开展予以大力的支持，从而促进国有企业劳动关系和谐。同时加强国有企业职工民主管理，重视发挥职工代表大会的作用，发挥国有企业思想政治工作在事务公开中的领导作用和保证监督作用，形成强有力的舆论监督氛围，保证国有企业的民主决策和科学决策，最大程度地避免或减少国有企业决策失误。为落实全面从严治党责任，国有企业还要加强企业文化的影响力，积极探索廉政建设新方式，创新性建立党风廉政建设责任制，不断扩大两者的共生界面。

（三）构建绩效文化，促进良性竞争

企业是以盈利为目的的组织，企业的生产经营活动是企业的核心工作，这也是现代企业制度发展的必然要求。那么，如果提升企业的经济效益，保障企业生产经营活动的顺利开展，绩效文化必不可少。绩效文化涵盖的内容十分丰富，它既包括科学考核体系的建立完善，也包括优秀企业文化中不可缺少的一环——不断寻求高绩效，并让它成为整个企业核心价值观的一部分。可见，良好的绩效文化不仅可以提高企业的经济效益，它对于企业思想政治工作与企业文化建设也有着极大的推动作用。反过来讲，国有企业思想政治工作和企业文化建设更要以企业发展为中心，坚持把党的政治优势、组织优势和群众工作优势转化为企业的竞争优势、创新优势和科学发展优势，促进企业提高效益和健康发展。

在市场经济中，竞争必不可少，可以说竞争是促进经济不断发展，促进企业不断提升劳动生产率的动力。在企业内部，竞争在促进员工进步，提升企业效率上也发挥着重要的作用。良性的竞争是指公平的、有序的竞争机制。优良的绩效文化无疑有利于良性竞争的开展，反之，良性竞争也在一定程度上促进绩效文化的不断发展创新。良性竞争机制的构建要做到以下几点：第一，要定期审视企业的文化氛围和环境的适应性，社会是不断变化发展的，企业内部也是不断变化发展的，企业文化氛围必须紧跟社会浪潮，不断自我更新自我发展；第二，设计精益求精、追求卓越的文化制度，现代社会的竞争日趋激烈乃至残酷，任何细小的失误都有可能造成企业效益的损失甚至酿成"千里之堤毁于蚁穴"的局面，因此，企业要不断向员工灌输追求卓越的思维，力求员工在工作中精益求精；第三，在企业管理权限中，要适度放权，推进扁平化管理，要让员工有畅所欲言的平台，参与到企业管理中去，从而增加员工的自主意识和能力，永葆企业活力。

二、构建共生的制度机制，营造共生环境

通过对共生环境的分析，我们发现两者之间的共生关系受共生环境的影响，因此要通过扩大共生界面和提高两者行为及兼容性来提升共生体的环境适应性。国有企业思想政治工作和企业文化建设的共生，是在市场经济体制下对政工教育的新认识和深化。要实现两者的和谐共生，提高两者行为及兼容性，最重要的就是在制度方面进行创新，营造良好的共生环境，从而不断优化两者的共生关系。

（一）统一决策机制

"管理就是决策"。企业的战略决策是确定未来一个时期内企业发展的长期目标和方向的根本方针，对于企业的发展具有决定性的意义。在不同的企业中，企业的决策制度表现各不相同。不仅有单人决策制、集体决策制，还有集团经营决策制。这些决策制度虽然不同，但是有一点具有内在一致性就是都强调企业内部的信息沟通的畅通无阻和对民主平等的决策监督，只有这样才能确保决策的科学性、合理性以及企业发展的久远性。一般来说，虽然企业领导者带动企业组织发展的作用尤其突出，但是也不能忽视企业员工参与企业决策对于企业发展的正面效应。

国有企业思想政治工作与企业文化要保证员工参与度，引导员工积极介入企业决策，决策程序由员工推动，在企业的重大问题上实现"集体领导、民主监督、个别酝酿、会议决定"。严格执行议事规则和决策程序，"必须将企业文化建设融入企业治理结构，将思想政治工作融入企业发展"。要使思想政治工作在企业决策中得到充分体现，必须依赖思想政治工作在决策前准备、决策中论证和决策后发动职工群众去实施的具体工作中来实现。要建立健全企业政工部门通过调查分析，帮助行政领导掌握实际情况，为正确决策服务的长效性机制。

（二）人力资源机制

人力资源是社会最宝贵的资源，也是企业最宝贵的资源。通过不断完善的人力资源机制，促进人力资源的合理充分运用，对于企业的良性发展至关重要。任何工作都以人为核心，国有企业思想政治工作和企业文化建设也不例外。目前，我国国有企业思想政治工作

与企业文化建设初步形成了以行政干部为主体，以党团员、积极分子为基础，以群团组织为纽带的共生界面，但目前企业内部在人力资源的应用上还存在权责不明等问题。那么，围绕企业科学发展这个中心目标，以发挥企业思想政治工作和企业文化作用为突破口，完善人力资源机制建设迫在眉睫。

一方面，国有企业应当探索将思想政治工作资源转化为企业经营资源和管理要素，把思想政治教育作用转化为激励和团结企业员工、服务和推动企业发展的有效途径。另一方面，国有企业还应当推动将思想政治工作同企业文化建设有机结合，统一内化为增强企业核心竞争力的重要因素，对工作人员的结构进行优化，增加培训机会，避免两者在企业内部的工作"自我运行""各自为政"的现象，树立主动参与、主动融入的工作意识。通过对共生机制的构筑，使得共生单元的相互依赖程度得到加强，将两者打造成真正意义上的"命运共同体"。

（三）宣传教育机制

在国有企业中，随着市场经济的不断发展，两者共生的行为及兼容性也在不断提升，两者在提高员工思想认识和政治觉悟，增强对企业的认同方面的功能上存在重叠和一致，而且占据了两者共生单元交集的相当一部分。国有企业思想政治工作和企业文化在积极争取和更好调动员工的积极性、主动性和创造性方面发挥了重要作用，有助于正确把握职工群众的思想、行为特点，从而为企业的科学管理提供重要依据。国有企业思想政治工作与企业文化建设在工作具体实施过程中都涉及宣传、教育、示范、谈心等方式。

为了能够准确把握和分析国有企业内部从业人员思想动态、提升国有企业内部从业人员综合素质，可以从宣传英雄式的人物、礼仪和仪式方面入手并广泛利用现代媒介环境健全对企业员工的宣传教育机制。坚持正面教育与典型示范相结合，物质鼓励与精神鼓励相结合，以理服人与以情动人相结合，落脚于解决思想问题与解决实际问题相结合。国有企业要统一部署和安排，开展相关政策教育，下发传达学习相关文件，通过学习方法的改进提升职工的思想认识；树立富有代表性的先进典型，并加以宣传；每年定期召开表彰大会，在思想政治工作和企业文化考核评价体系中，对思想政治工作者、普通员工进行物质激励和精神鼓励。

第七章　国有企业思想政治工作与
文化建设融合评价体系

构建国有企业思想政治工作与企业文化建设融合效果评价体系，旨在了解国有企业思想政治工作与企业文化建设融合工作的开展情况，跟踪二者融合的进程，考察二者融合目标的实现情况，以此不断地改进和优化二者融合的策略，提升二者的融合效能，推进国有企业思想政治工作的创新，提升其工作的实效性。

第一节　融合评价体系建构的必要性

国有企业思想政治工作与企业文化建设融合效果评价体系的建构，旨在实现对二者融合工作的考评，以此实现二者融合效果定量研究与定性研究的统一。二者融合效果评价体系是由多个相互联系、相互作用的评价指标按照一定层次结构组成的有机整体，建构这一有机整体是推进二者融合进程的重要内容，也是提升二者融合效能的关键环节。

第一，有助于了解和考察国有企业二者融合工作开展的现状，监督和管理二者融合的过程，实现对二者融合对策的及时优化与调整。国有企业思想政治工作与企业文化建设融合效果评价体系的建构，旨在对二者融合现状考评的基础上，分析融合工作顺利开展的原因，并对此加以巩固和强化，形成相应的经验和可供借鉴的优势加以保存。与此同时，指出阻碍二者融合工作开展的因素，及时调整相应的策略加以规避和解决，以此不断改进和完善二者融合的工作内容和方式，增强二者融合的满意度，提升二者融合的效能。

第二，有助于明确二者融合工作应达到的目标和状态。只有明确国有企业思想政治工作与企业文化融合的目标和状态，才能充分激发企业领导和员工为实现此目标而共同努力的行为，这是推进二者融合进程的重要前提。而二者融合效果评价体系的建构是在对二者融合目标的分析基础之上，实现对二者融合是否达到既定目标的考评和判断。这不仅有助于企业领导和员工认识二者的融合目标，还有助于企业领导和员工在二者融合目标上达成共识，共同推进二者融合目标的实现。

可以说，国有企业思想政治工作与企业文化建设融合效果评价体系的建构超越了对二者融合纯理论式的论述，实现了对二者融合现状、过程以及目标的分析，有助于更准确地把握融合工作中存在的问题，提出更有针对性的对策和建议，以此不断地优化二者融合的方案，推进二者融合的进程。

第二节　融合效果评价体系建构的原则与依据

一、二者融合效果评价体系建构的原则

（一）目标导向原则

国有企业思想政治工作与企业文化建设融合效果评价体系建构，目的在于引导参与测评的国有企业的融合工作达到既定目标。评价目的不是单纯评价二者融合效果的优劣，更在于引导和鼓励参与测评的企业根据目标的要求不断地完善与优化相应的行为，以实现目标的导向作用。所以，在国有企业思想政治工作与企业文化建设融合效果评价体系建构中的每一个指标，都在发挥着目标导向的功能，以此实现对国有企业二者融合工作的督促，并不断提升二者融合的水平，进一步完善国有企业思想政治工作的体制机制。

（二）可比性原则

可比性原则强调国有企业思想政治工作与企业文化建设融合效果考评指标的选择和设计要实现横向可比与纵向可比的统一，每项考评指标所规定的内容能根据测量标准进行衡量并获得相应的数据支撑，便于进行量化处理。与此同时，还旨在强调二者融合效果评价指标在国有企业中普遍使用，其计算口径、统计方法、空间范围等应具有可比性，有助于实现国有企业的横向比较，也能实现国有企业的纵向比较。

（三）定量与定性相结合的原则

国有企业思想政治工作与企业文化建设作为国有企业"软实力"的内容，其融合效果的测评内容既广泛又复杂，许多因素无法量化，纯粹的定量分析难以全面有效地对其加以考核和评价，这就需要根据实际情况，实现定性指标与定量指标的统一。这一原则既能体现定量指标的显性特点，又能兼顾定性指标的特点并弥补定量指标的不足，以此实现对二者融合效果的综合性评价，避免评价指标的片面性。

（四）合理性与实用性相结合的原则

合理性原则强调国有企业思想政治工作与企业文化建设融合效果考评体系的建构必须符合研究的目的和任务，基于国有企业思想政治工作与企业文化"软实力"的特点，遵循二者共同作用力发挥各要素的科学内涵与外延，正确分析各要素的具体内容及相互关系，提炼从不同方面反映二者融合工作开展的若干指标，以此满足二者融合的合理性要求。实用性原则强调建立的融合指标体系既要系统全面，又要简单可行，各评价指标含义明确、信息集中，计算方法不仅能实现对二者融合工作的综合评价，还能简明扼要，增强二者融合效果考评体系的可操作性。

二、二者融合效果评价体系建构的依据

国有企业思想政治工作与企业文化建设融合效果评价指标的选择和建构，主要依据包括：

一是源于对二者融合目标和达到状态的分析。对于二者的融合目标，强调二者的融合旨在充分发挥企业文化的载体作用以实现思想政治工作由传统向现代的转型，提升思想政治工作的实效性。这就要求首先充分发挥企业思想政治工作的指导作用，保障企业文化建设的社会主义方向，推进企业文化中国化的进程，实现中国特色企业文化的建设，提升国有企业文化软实力。其次，坚持以中国特色企业文化为载体，提高思想政治工作与企业文化的融合度，实现思想政治工作的创新，增强其工作的实效性。这就要求实现二者在指导理念、工作机制、工作载体、工作目标层面深层次和全方位的融合。这既是二者融合工作开展的内在要求，也是二者融合工作期望达到的状态。所以，将二者"指导理念的融合、工作机制的融合、工作载体的融合、工作目标的融合"作为其融合工作开展情况的评价指标。

二是源于同评估主体（评估专家）的讨论。这里指的是评估主体（评估专家）须具备以下条件：首先，所选择的评估主体（评估专家）须从事国有企业思想政治工作、企业文化建设研究，对二者工作的开展有着较为深刻的认识和思考，这样能更好地保证专家提交的反馈数据更有可信度。其次，所选择的评估主体（评估专家）是目前从事国有企业思想政治工作和企业文化建设工作的工作人员，是二者工作开展的直接实施者，对二者工作的开展有着丰富的工作经验和深刻的内心感受。

与此同时，中国政研会发布的《企业文化建设评价指标体系纲要》（试行稿）和《国有及国有控股企业文化建设工作评价指标体系实施细则》（试行稿）以及改进国有及国有控股企业思想政治工作的相关意见，作为对国有企业思想政治工作与企业文化建设融合效果评价指标体系的政策依据。

第三节　融合效果评价体系的内容

指标体系是指完成某一研究目的而设计的由若干相互联系的指标组成的指标群，指标群的建构需要明确目标层、准则层和操作层，即需要将指标分级设置，与此同时，还应明确指标之间的相互关系和层级联系。基于对评价指标体系原则的分析，立足于国有企业思想政治工作与企业文化建设融合的目标，立足于对调查专家讨论结果的进一步思考，初步设计了一套关于国有企业思想政治工作与企业文化建设融合效果评价指标体系。

这一评价指标体系由2个一级指标、5个二级指标、若干个三级指标以及具体操作层面的内容构成。其中，一级指标作为二者融合工作总目标的细分目标，是二者融合考评体

系的目标层，包括思想政治工作与企业文化建设工作理念的融合、工作机制的融合、工作载体的融合以及工作目标的融合四大层面的内容。其中，二者工作理念的融合包括指导思想和价值理念的融合；工作机制的融合包括工作主体、工作内容以及组织保障机制的融合；工作载体的融合则主要强调思想政治工作以企业文化的各层次为载体（企业物质文化层、企业行为文化层、企业制度文化层以及企业精神文化层），实现与企业文化建设全方位和深层次的融合；工作目标的融合主要围绕提高企业劳动生产力水平、提高企业的和谐度以及企业员工的忠诚度来开展工作。可以说，二者融合效果评价体系的一级指标由二级指标加以阐释和说明，以上所涉及的 5 个二级指标则需要依靠三级指标来考核，在对二级指标分析的基础上，确立 39 个三级指标，并对此进一步细化指标考核内容，作为二者融合考评工作的具体操作层，以实现对二者融合工作的考评。在二者融合工作的具体考评环节，国有企业可依据具体指标内容设计相应的调查问卷，或组织相应的座谈，了解各项指标内容的落实情况，并根据对一级指标、二级指标、三级指标权重的分析，计算得出指标具体内容的分值，根据具体内容的分值依次计算三级指标、二级指标以及指标的分值，最终计算得出二者融合工作考评的总分值，实现对二者融合效果考评工作定量与定性分析的有机结合，实现二者融合在具体操作层面的突破。对于二者融合工作考评指标体系的内容详见表 7－1。

表 7－1　国有企业思想政治工作与企业文化建设融合效果评价指标体系

一级指标	二级指标	三级指标	指标内容	评价方法
一、指导理念的融合	（一）指导思想的融合	1. 马克思主义文化观	（1）领导和员工了解马克思关于人的自由全面发展理论	问卷调查、访谈
			（2）领导和员工了解党和国家领导人关于文化建设的指导思想	问卷调查、访谈
			（3）领导和员工认同社会主义先进文化建设的重要性	问卷调查、访谈
		2. 中国特色社会主义理论体系	（4）领导和员工了解邓小平理论、"三个代表"重要思想、科学发展观和习近平新时代中国特色社会主义思想的基本内容	问卷调查、考察
			（5）领导和员工认同中国特色社会主义道路和中国特色社会主义制度的优越性	问卷调查、访谈
		3. 中国传统文化中的伦理思想	（6）企业领导了解传统文化中的人本思想，并对此加以传承	问卷调查、访谈
			（7）企业领导和员工了解传统文化中责任思想，并对此加以传承	问卷调查、访谈
			（8）企业领导和员工了解传统文化中的诚信伦理思想，并对此加以传承	问卷调查、访谈
		4. 西方现代企业管理理念	（9）企业领导了解西方多元化的激励理论，并对此加以辩证地吸收和借鉴	问卷调查、访谈
			（10）企业领导了解西方人本教育思想，并对此加以辩证地吸收和借鉴	问卷调查、访谈

一级指标	二级指标	三级指标	指标内容	评价方法
	（二）价值理念的融合	1.科学发展理念	（11）以科学发展为主线，确立全面协调的可持续发展理念	问卷调查
			（12）具有创新精神和开放意识，能根据国家政策导向及企业发展实际调整策略	问卷调查
		2.人文关怀理念	（13）充分尊重员工主体地位，维护员工合法权益	问卷调查
			（14）关心员工工作和生活，满足员工的正当诉求，帮助员工形成自尊自信、理性平和、积极向上的健康心态	问卷调查
			（15）帮助员工实现职业生涯规划，重视员工个人价值实现	问卷调查
二、工作机制的融合	（一）工作主体的融合	1.企业领导	（16）企业领导将二者融合工作摆上重要议事日程，并经常听取相关工作汇报，解决工作中遇到的重大问题	问卷调查、座谈
			（17）企业领导注重提高理论修养，积极推进马克思主义学习型政党建设和廉政文化建设	问卷调查、座谈
			（18）组织开展中国特色社会主义理论体系学习活动和中国优秀传统文化普及工作，开展理想信念教育、形势政策任务教育、革命传统教育等，优秀传统文化得到传承弘扬，国外优秀文化得到吸收借鉴	问卷调查
		2.政工队伍	（19）有一支理论素养好、实践能力强、专兼结合的政工队伍	问卷调查、考察
			（20）政工队伍专职人员数量依据实际工作需要配备，比例结构合理	问卷调查、考察
	（二）工作内容的融合	1.员工辅助计划	（21）有一支理论素养好、实践能力强的员工辅导员队伍	问卷调查、考察
			（22）定期和不定期开展员工辅导员能力的培训和考核工作	问卷调查、考察
			（23）建立员工辅导员责任体系，深入基层扎实开展员工辅导工作	问卷调查、考察
		2.企业道德建设	（24）广泛开展灵活多样的主题教育和实践活动，将社会主义荣辱观的学习和贯彻作为创建先进企业，表彰优秀员工的重要标准	问卷调查
			（25）用实际行动诠释并弘扬我国优秀传统文化，推进道德教育，营造企业道德氛围	问卷调查、考察

一级指标	二级指标	三级指标	指标内容	评价方法
		3. 企业的社会责任	（26）明确履行企业社会责任是企业文化建设的重要组成部分，形成长期、系统的规划	问卷调查、考察
			（27）模范遵守法律法规和社会公德、商业道德及行业规则，反对不正当竞争，保持与供应商、代理商及合作伙伴长期共赢合作关系	问卷调查、考察
			（28）积极回报社会，热心社会公益事业，参与地方建设，鼓励员工志愿服务社会，在助学帮困、救灾抢险等方面勇于承担责任	问卷调查、考察
			（29）积极开展节能减排，主动承担保护环境方面的责任	问卷调查、考察
		4. 社会主义核心价值体系	（30）树立社会主义共同理想，齐心协力推进中国梦的实现，并将其纳入企业发展理念之中	问卷调查、考察
			（31）开展内容丰富、形式多样、群众喜闻乐见的爱国主义教育等活动，使社会主义核心价值体系的相关精神在员工中得到弘扬和学习	问卷调查、考察
			（32）用时代精神感召员工，引导员工在实践中实现个人的人生价值，形成"企兴我荣、企衰我耻"的凝聚力	问卷调查、考察
	（三）工作组织的融合	1. 企业党组织的政治核心地位	（33）坚持党管干部的原则，对企业执行党的路线、方针、政策的情况加以监督，对国有资产保值增值的情况加以监督	问卷调查、考察
			（34）参与企业重大问题决策，领导企业精神文明建设，培养企业"四有"职工队伍	问卷调查、考察
			（35）抓好党组织的思想、组织和作风建设，充分发挥党组织的战斗堡垒和示范作用	问卷调查、考察
		2. 与企业文化部相融合	（36）企业党群工作部与企业文化部在组织结构上实现融合	问卷调查、考察
			（37）思想政治工作与企业文化建设的工作人员实现融合，工作人员不仅能胜任企业思想政治工作，还能胜任企业文化建设的任务	问卷调查、考察
		3. 大政工的工作格局	（38）党委统一领导，党政工团齐抓共管、以专兼职政工干部为骨干、以员工群众广泛参与为特色，横到边、纵到底、全覆盖的组织格局	问卷调查、考察
		4. 与"外脑"组织的融合	（39）二者融合工作的推进实现与高校、政策研究会等外部组织的融合	问卷调查、考察

第四节　融合效果评价体系指标权重的确定

国有企业思想政治工作与企业文化建设融合效果评价体系是各级评价指标因素的集合，二者融合效果评价指标的权重旨在表明各指标之间的关系及各指标因素在整个评价体系中的地位及重要程度。在进行国有企业思想政治工作与企业文化建设融合效果评价时，由于各指标因素的重要性不尽相同，所以属于"多目标决策"问题。从指标权重的确立关系到评价方案排序结果的可靠性和正确性，权重的配置是两者融合效果评价体系的重要内容。可采用层次分析法（Analytic Hierarchy Process，AHP）来确定指标因素的权重。

一、评价指标权重的评估主体

国有企业思想政治工作与企业文化建设融合效果评价指标权重的评估主体与二者融合评价指标确立的评估主体来源一致，只是在二者融合评价指标确立的评估专家中遴选一些专家作为评价指标权重的评估主体，这些评估主体都是长期从事国有企业思想政治工作与企业文化建设的专家。

二、基于层次分析法的权重配置过程

（一）构造层次分析结构

应用层次分析法分析问题，首先要把问题条理化、层次化，构造出层次分析结构的模型。通过对二者融合评价体系的内容分析并与部分专家进行探讨，本书构建了国有企业思想政治工作与企业文化建设融合评价层次结构（见上文中表7－1所示）。

（二）构造判断矩阵

本矩阵的构建通过专家评分方法，利用咨询调查表的方式进行。将设计好的权重咨询调查表发给专家，由专家对指标因素两两比较，确定对于其上级指标层的相对重要程度，构造判断矩阵。

（三）判断矩阵的一致性

判断矩阵的一致性是指专家在判断指标重要性时，各判断之间协调一致，不至于出现相互矛盾的结果。为了保证应用 AHP 方法得到的结果合理，需要对专家构造的判断矩阵进行一致性检验。

（四）层次单排序

层次单排序主要根据判断矩阵计算对于上一层某元素而言本层次与之有联系的元素重要性次序的权值。

（五）层次总排序

依次沿递阶层次结构由上而下逐层计算各层因素对于目标的合成权重，即可得到最低层因素相对于最高层（总目标）的重要性，即层次总排序。

三、二者融合效果评价指标权重配置

（一）层次单排序及其一致性检验

下面以某专家指标权重咨询调查为例，整理该专家关于国有企业思想政治工作与企业文化建设融合评价体系各层因素的判断矩阵，并利用 AHP 方法计算得出该专家关于各指标因素的权重值、最大特征值 λmax 及一致性比例结果见表 7－2 至表 7－10（CR 即一致性指标与一致性判断指标的比值；λmax 为判断矩阵的最大特征值）。

表 7－2　国有企业思想政治工作与企业文化建设

融合效果评价一致性比例：CR＝0.00　λmax＝4

两者融合评价	工作理念的融合	工作机制的融合	工作载体的融合	工作目标的融合	权重
工作理念的融合	1	1	1	1	0.25
工作机制的融合	1	1	1	1	0.25
工作载体的融合	1	1	1	1	0.25
工作目标的融合	1	1	1	1	0.25

表 7－3　工作理念的融合一致性比例：CR＝0.00　λmax＝2

工作理念的融合	指导思想的融合	价值理念的融合	权重
指导思想的融合	1	3	0.75
价值理念的融合	1/3	1	0.25

表 7－4　工作机制的融合一致性比例：CR＝0.00　λmax＝3

工作机制的融合	工作主体	工作内容	工作组织	权重
工作主体	1	1	1	1/3
工作内容	1	1	1	1/3
工作组织	1	1	1	1/3

表 7－5　工作载体的融合一致性比例：CR＝0.00　λmax＝4

工作载体的融合	与企业物质文化相融合	与企业行为文化相融合	与企业制度文化相融合	与企业精神文化相融合	权重
与企业物质文化相融合	1	1	1	1/3	0.167
与企业行为文化相融合	1	1	1	1/3	0.167
与企业制度文化相融合	1	1	1	1/3	0.167
与企业精神文化相融合	3	3	3	1	0.500

表7-6　工作目标的融合一致性比例：CR＝0.00　λmax＝3

工作目标的融合	劳动生产力	员工忠诚度	企业和谐度	权重
劳动生产力	1	1/3	1/3	0.143
员工忠诚度	3	1	1	0.429
企业和谐度	3	1	1	0.429

表7-7　融合的指导思想一致性比例：CR＝0.00　λmax＝4

融合的指导思想	马克思主义文化观	中国特色社会主义理论体系	中国传统文化中的伦理思想	西方现代企业管理理念	权重
马克思主义文化观	1	1	3	3	0.375
中国特色社会主义理论体系	1	1	3	3	0.375
中国传统文化中的伦理思想	1/3	1/3	1	1	0.125
西方现代企业管理理念	1/3	1/3	1	1	0.125

表7-8　融合的价值理念一致性比例：CR＝0.00　λmax＝2

融合的价值理念	科学发展理念	人文关怀理念	权重
科学发展理念	1	1	0.5
人文关怀理念	1	1	0.5

表7-9　工作主体一致性比例：CR＝0.00　λmax＝2

工作主体	企业领导	政工队伍	权重
企业领导	1	1	0.5
政工队伍	1	1	0.5

表7-10　工作内容一致性比例：CR＝0.00　λmax＝4

工作内容	员工辅助计划	企业的社会责任	社会主义核心价值体系	企业道德建设	权重
员工辅助计划	1	1	1/3	1/3	0.125
企业的社会责任	1	1	1/3	1/3	0.125
社会主义核心价值体系	3	3	1	1	0.375
企业道德建设	3	3	1	1	0.375

（二）层次总排序

按上述层次单排序各级指标权重计算结果，进行加权计算，得到关于国有企业思想政治工作与企业文化建设融合评价各指标因素层次总排序的结果。可以说，根据对国有企业思想政治工作与企业文化建设融合效果考评体系指标权重的分析，确立了二者融合一级指标、二级指标以及三级指标的权重问题，这有助于实现对二者融合开展情况的定量考核。在前文所涉及的二者融合考核指标体系中，在二者融合三级指标的基础上，提出了二者融合工作考核的具体操作内容，依据这些具体内容，设置相应的调查问卷或组织相应的座谈和调研，根据实际所了解的情况再结合三级指标的权重，算出三级指标的分值，在此基础上，依次计算出二级指标、一级指标的分值，最终计算出二者融合工作开展的考评分值，实现对二者融合工作考评定量与定性考核的统一。而通过对二者融合工作的考评，更好地了解国有企业二者融合工作的开展情况，并针对存在的问题，提出相应的改进策略，以此进一步优化二者的融合效果，提升思想政治工作的实效性。

参考文献

[1] 刘海峰. 企业思想政治工作及企业文化 [M]. 哈尔滨：黑龙江科学技术出版社，2017.

[2] 陈亚红，何艳. 传统文化与思想政治教育 [M]. 北京：中国轻工业出版社，2017.

[3] 韦吉锋. 桂学文库思想·文化·探索 [M]. 南宁：广西人民出版社，2017.

[4] 罗仲尤. 思想政治教育属性研究 [M]. 北京：知识产权出版社，2017.

[5] 樊常宝. 思想政治教育 [M]. 北京：北京理工大学出版社，2017.

[6] 郭强. 新视角下的思想政治教育研究 [M]. 北京：中国社会出版社，2017.

[7] 贾丽. 思想政治教育教学与反思研究 [M]. 长春：吉林大学出版社，2017.

[8] 张世欣. 思想政治教育的人学解读 [M]. 杭州：浙江大学出版社，2017.

[9] 徐公芳，杨方. 文化育人的探索与实践 [M]. 北京：中国言实出版社，2017.

[10] 刘彬，邱胜. 传统文化与企业管理 [M]. 北京：金盾出版社，2017.

[11] 敖锋，柳晓，梁晓波. 文化安全研究的多维探索 [M]. 北京：中国言实出版社，2017.

[12] 常建莲. 多维视角下的思想政治教育探索与实践研究 [M]. 西安：西安交通大学出版社，2017.

[13] 焦义. 企业思想政治工作与企业文化研究 [M]. 北京：光明日报出版社，2018.

[14] 范翠莲，李春风，边黎明. 思想政治教育与实践 [M]. 北京：九州出版社，2018.

[15] 王金星，杜春海，周光宁. 文化遂宁 [M]. 北京：中国社会出版社，2018.

[16] 郭世德，宋鹏瑶，杨桂敏. 思想政治教育与职业素养 [M]. 北京：经济日报出版社，2018.

[17] 李泽萍. 新时期国有企业思想政治工作方法研究 [M]. 武汉：武汉大学出版社，2018.

[18] 李赫男. 思想政治理论课教学手册 [M]. 北京：中国经济出版社，2018.

[19] 徐海鑫，纪志耿，胡亚兰. 思想理论教育研究 [M]. 成都：四川大学出版社，2018.

[20] 陈学民. 文化产业安全评价 [M]. 北京：北京交通大学出版社，2018.

[21] 庆越先. 从文化大省迈向文化强省 [M]. 合肥：安徽人民出版社，2018.

[22] 王兆善. 铁路企业文化纵横探 [M]. 北京：中国铁道出版社，2018.

［23］戴冰．青年思想政治工作学引论［M］．上海：上海交通大学出版社，2019．

［24］刘利峰．思想政治教育与创新研究［M］．北京：北京理工大学出版社，2019．

［25］冯刚，王树荫．思想政治教育研究热点年度发布［M］．北京：团结出版社，2019．

［26］张子睿，卢彤．思想政治教育实践育人理论与对策研究［M］．北京：经济日报出版社，2019．

［27］张百顺，齐新林．思想政治理论课教学与人格教育和谐发展［M］．武汉：华中科技大学出版社，2019．

［28］张越．民国时期生态环境思想研究［M］．北京：知识产权出版社，2019．

［29］汤忠钢．传统文化与人文精神［M］．北京：光明日报出版社，2020．

［30］刘越，余斌．思想政治教育研究论丛［M］．哈尔滨：哈尔滨工程大学出版社，2020．